London Mist

伦敦迷雾

英国财富世界之旅

Rich World Tour Of England

谢　普/编著

中国出版集团　现代出版社

图书在版编目(CIP)数据

伦敦迷雾 / 谢普编著. —北京：现代出版社，2016.7(2021.8重印)
ISBN 978-7-5143-5196-5

Ⅰ.①伦…　Ⅱ.①谢…　Ⅲ.①经济概况—英国
Ⅳ.①F156.1

中国版本图书馆CIP数据核字(2016)第160807号

编　　著	谢　普
责任编辑	王敬一
出版发行	现代出版社
通讯地址	北京市安定门外安华里504号
邮政编码	100011
电　　话	010-64267325 64245264(传真)
网　　址	www.1980xd.com
电子邮箱	xiandai@cnpitc.com.cn
印　　刷	北京兴星伟业印刷有限公司
开　　本	700mm×1000mm 1/16
印　　张	9.5
版　　次	2016年12月第1版　2021年8月第3次印刷
书　　号	ISBN 978-7-5143-5196-5
定　　价	29.80元

前言

QIANYAN

　　多年以来,我们就一直想策划关于G20的图书,经过艰苦努力,如今这个想法终于变成了现实。毋庸置疑,G20已经成为世界上最具影响力的经济论坛之一,而成员国则被视为世界经济界"脑力激荡"、"激发新思维"与财富的代名词。

　　我常常会在心里问自己:到底什么是财富? 什么是经济? 有的人可能会说,钱啊! 这种说法从某种意义上来说有一定的道理。在这里我要说,只要是具有价值的东西都可以称之为财富,包括自然财富、物质财富、精神财富,等等。从经济学上来看,财富是指物品按价值计算的富裕程度,或对这些物品的控制和处理的状况。财富的概念为所有具有货币价值、交换价值或经济效用的财产或资源,包括货币、不动产、所有权。在许多国家,财富还包括对基础服务的享受,如医疗卫生以及对农作物和家畜的拥有权。财富相当于衡量一个人或团体的物质资产。

　　需要说明的是,世上没有绝对的公平,只有相对的强弱。有的人一出生就有豪车豪宅,而且是庞大家业的继承人;有的人一出生就只能是穷乡僻壤受寒冷受饥饿的孩子。自己的人生只有改变"权力、地位、财富"中的一项,才可以获得优势的生存机会。那么,财富又被

赋予了新的内涵:要创造财富,增加财富,维持财富,保护财富,享受财富;要提高自己的生活质量。

二十国集团是一个国际经济合作论坛,它的宗旨是为推动发达国家和新兴市场国家之间就实质性问题进行讨论和研究,以寻求合作并促进国际金融稳定和经济持续发展。二十国集团由美国、英国、日本、法国、德国、加拿大、意大利、俄罗斯、澳大利亚、中国、巴西、阿根廷、墨西哥、韩国、印度尼西亚、印度、沙特阿拉伯、南非、土耳其共19个国家以及欧盟组成。这些国家的国民生产总值约占全世界的85%,人口则将近世界总人口的2/3。本选题立足二十国集团,希望读者通过阅读能够全面了解这20个经济体,同时,能够对财富有一个全面而清醒的认识。

即使在基本写作思路确定后,对本书的编写还是有些许的担忧,但是工作必须做下去,既然已经开始,我们绝不会半途而废。在编写过程中,书稿大致从以下几个方面入手:

1. 立足G20成员国的经济、财富,阐述该国的经济概况、经济地理、经济历史、财富现状、财富人物以及财富未来的发展战略等。

2. 本书稿为面对青少年的普及型读物,所以在编写过程中尽量注重知识性、趣味性,力求做到浅显易懂。

3. 本书插入了一些必要的图片,对本书的内容进行了恰到好处的补充,以更好地促进读者的阅读。

尽管我们付出了诸多的辛苦,然而由于时间紧迫和能力所限,书稿错讹之处在所难免,敬请各方面的专家学者和广大读者批评指正,我们将不胜感激!

编 者

2012年11月

目录 CONTENTS

开 篇 二十国集团是怎么回事

　　二十国集团，由八国集团(美国、日本、德国、法国、英国、意大利、加拿大、俄罗斯)和11个重要新兴工业国家(中国、阿根廷、澳大利亚、巴西、印度、印度尼西亚、墨西哥、沙特阿拉伯、南非、韩国和土耳其)以及欧盟组成。

二十国集团简介

二十国集团,由八国集团(美国、日本、德国、法国、英国、意大利、加拿大、俄罗斯)和11个重要新兴工业国家(中国、阿根廷、澳大利亚、巴西、印度、印度尼西亚、墨西哥、沙特阿拉伯、南非、韩国和土耳其)以及欧盟组成。按照惯例,国际货币基金组织与世界银行列席该组织的会议。二十国集团的GDP总量约占世界的85%,人口约为40亿。中国经济网专门开设了"G20财经要闻精粹"专栏,每日报道G20各国财经要闻。

【走近二十国集团】

二十国集团,又称G20,它是一个国际经济合作论坛,于1999年12月16日在德国柏林成立,属于布雷顿森林体系框架内非正式对话的一种机制,由原八国集团以及其余12个重要经济体组成。

二十国集团的历史

二十国集团的建立，最初是由美国等 8 个工业化国家的财政部长于 1999 年 6 月在德国科隆提出的，目的是防止类似亚洲金融风暴的重演，让有关国家就国际经济、货币政策举行非正式对话，以利于国际金融和货币体系的稳定。二十国集团会议当时只是由各国财长或各国中央银行行长参加，自 2008 年由美国引发的全球金融危机使得金融体系成为全球的焦点，开始举行二十国集团首脑会议，扩大各个国家的发言权，它取代了之前的二十国集团财长会议。

二十国集团的成员

二十国集团的成员包括：八国集团成员国美国、日本、德国、法国、英国、意大利、加拿大、俄罗斯，作为一个实体的欧盟和澳大利亚、中国以及具有广泛代表性的发展中国家南非、阿根廷、巴西、印度、印度尼西亚、墨西哥、沙特阿拉伯、韩国和土耳其。这些国家的国民生产总值约占全世界的 85%，人口则将近世界总人口的 2/3。二十国集团成员涵盖面广，代表性强，该集团的 GDP 占全球经济的 90%，贸易额占全球的 80%，因此，它已取代 G8 成为全球经济合作的主要论坛。

> **【走近二十国集团】**
>
> 二十国集团是布雷顿森林体系框架内非正式对话的一种机制，旨在推动国际金融体制改革，为有关实质问题的讨论和协商奠定广泛基础，以寻求合作并促进世界经济的稳定和持续增长。

二十国集团的主要活动

二十国集团自成立至今,其主要活动为"财政部长及中央银行行长会议",每年举行一次。二十国集团没有常设的秘书处和工作人员。因此,由当年主席国设立临时秘书处来协调集团工作和组织会议。

会议主要讨论正式建立二十国集团会议机制以及如何避免经济危机的爆发等问题。与会代表不仅将就各国如何制止经济危机进行讨论,也将就国际社会如何在防止经济危机方面发挥作用等问题交换意见。

1999 年 12 月 15 日至 16 日,第一次会议暨成立大会,德国柏林;

2000 年 10 月 24 日至 25 日,第二次会议,加拿大蒙特利尔;

2001 年 11 月 16 日至 18 日,第三次会议,加拿大渥太华;

2002 年 11 月 22 日至 23 日,第四次会议,印度新德里;

2003 年 10 月 26 日至 27 日,第五次会议,墨西哥莫雷利亚市;

2004 年 11 月 20 日至 21 日,第六次会议,德国柏林;

2005 年 10 月 15 日至 16 日,第七次会议,中国北京;

2006 年 11 月 18 日至 19 日,第八次会议,澳大利亚墨尔本;

2007 年 11 月 17 日至 18 日,第九次会议,南非开普敦;

2008 年 11 月 8 日至 9 日,第十次会议,美国华盛顿;

2009 年 4 月 1 日至 2 日,第十一次会议,英国伦敦;

2009 年 9 月 24 日至 25 日,第十二次会议,美国匹兹堡;

2010 年 6 月 27 日至 28 日,第十三次会议,加拿大多伦多;

2010 年 11 月 11 日至 12 日,第十四次会议,韩国首尔;

2011 年 2 月 18 日至 19 日,第十五次会议,法国巴黎;

2011 年 11 月 3 日至 4 日,第十六次会议,法国戛纳;

2012 年 6 月 17 日至 19 日,第十七次会议,墨西哥洛斯卡沃斯。

二十国集团的相关报道

1.加拿大：防止债务危机恶化

作为峰会主席国,加拿大主张:各成员国应就未来5年将各自预算赤字至少减少50%达成一项协议，以防止主权债务危机进一步恶化；会议应发出明确信号,收紧刺激性支出，即当各国刺激计划到期后，将致力于重整财政,防止通货膨胀。

加拿大还认为，应建立有效的金融调节国际机制,进一步提高银行资本充足率,以防止出现新的金融机构倒闭。不应由纳税人承担拯救金融机构的责任；加强世界银行、国际货币基金组织和多边开发银行的作用,支持国际货币基金组织配额改革,反对开征银行税,认为设立紧急资金是更好的选择。

> **【走近二十国集团】**
>
> 以"复苏和新开端"为主题的二十国集团领导人第4次峰会于2010年6月26日至27日在加拿大多伦多召开。此次峰会正值世界经济出现好转趋势,但欧元区主权债务危机爆发又给全球经济走势增添诸多变数之际。在此背景下,与会的主要发达国家及发展中国家对这次峰会的立场受到国际舆论的高度关注。

此外,加拿大还表示,各成员国应承诺反对贸易保护主义,促进国际贸易和投资进一步自由化,确保经济复苏；增加对非洲的发展援助。

2.美国：巩固经济复苏势头

美国是世界头号经济强国,也是本轮金融危机的发源地。根据美国官

方透露的信息,美国政府对此次峰会的主要立场包括:巩固经济复苏势头;整顿财政政策;加强金融监管,确立全球通用的金融监管框架。美国希望与各国探讨国际金融机构的治理改革等问题。

美国财政部官员说,中国日前宣布进一步增强人民币汇率弹性,其时机对二十国集团峰会"极有建设性"。欧洲宣布将公布对银行业进行压力测试的结果,这将有助于恢复市场信心。

【走近二十国集团】

二十国集团的宗旨是为推动已工业化的发达国家和新兴市场国家之间就实质性问题进行开放及有建设性的讨论和研究,以寻求合作并促进国际金融稳定和经济的持续增长。

美方对这两项宣布感到鼓舞。

3.巴西:鼓励经济增长政策

根据从巴西外交部得到的消息,巴西将在二十国集团峰会上提出要求各国继续鼓励经济增长政策、加快金融市场调节机制建设的主张。

巴西认为,当年4月结束的世界银行改革"令人满意",但在今后几年中还应在各国投票权上实现进一步平等。此外,峰会应从政治层面强调国际货币基金组织改革。

巴西政府主张二十国集团应发挥更大作用,因为当今世界,二十国集团已显示出了高效讨论各种重要议题的论坛作用。同时,二十国集团也需从主要讨论金融危机拓展到其他问题,如发展、能源和石油政策等。

4.俄罗斯:主张二十国集团机制化

俄罗斯曾经在峰会上就二十国集团机制化、推动国际审计体系改革、建立国际环保基金等具体问题提出一系列倡议。

梅德韦杰夫曾经在会见巴西总统卢拉后说,现在需要努力将二十国集团打造成一个常设机构,以便对国际经济关系产生实际影响。

梅德韦杰夫还在接见美国知名风险投资公司负责人时表示,原有的国际审计体系已经被破坏,俄罗斯目前正在制定改革这一体系的相关建议。他说,二十国集团峰会应对关于审计改革的议题进行讨论。

在防范金融风险方面,俄罗斯可能提出两套方案:一是开征银行税并建立专门的援助基金;另一方案是在发生危机时,国家向银行提供资金支持,但危机过去后,银行不仅要返回资金,还要支付罚款。

5.日本:期望发挥积极作用

日本外务省经济局局长铃木庸一则在记者会上表示,在发生国际金融和经济危机、新兴国家崛起等国际秩序发生变化的形势下,二十国集团是发达国家和新兴国家商讨合作解决全球问题的场所,日本可以继续为解决全球问题发挥积极作用。

【走近二十国集团】

铃木庸一说,从支撑世界经济回升、遏制贸易保护主义的观点出发,二十国集团首脑应表明努力实现多哈谈判早日达成协议的决心。

日本期望峰会能深入讨论如何应对全球性问题并达成一些协议,发达国家和新兴国家能够更多地开展合作,共同致力于解决经济、金融等方面的全球性课题。

6.南非:希望从国际贸易中受益

对于二十国集团峰会,南非政府希望在峰会上重申,南非将与其他国家加强贸易进出口联系,以使其在国际贸易交往中受益。对此,南非方面呼吁重建世界贸易经济交往秩序和规则,予以发展中国家新兴经济体以更多的优惠与权利,与其他发展中国家携手重建世界贸易新秩序。

南非经济学家马丁·戴维斯认为,二十国集团峰会本是西方世界的产物,如今以中国、南非、巴西、印度等新兴经济体为代表的发

展中国家需要联合起来，打破国际经济旧秩序，建立更加平衡、公平、长效、利于世界经济全面复兴的新国际经贸秩序。

【走近二十国集团】

在推进国际金融监管改革方面，欧盟将力主就征收银行税达成协议。除此之外，欧盟还提出要在峰会上探讨征收全球金融交易税的可能性。

7.欧盟：实施退出策略需加强协调

对于欧盟来说，在实施退出策略上加强国际协调和继续推进国际金融监管改革，将是其在峰会上的两大核心主张。

欧盟曾经掀起了一股财政紧缩浪潮，但在如何巩固财政和维护经济复苏之间求得平衡的问题上与美国产生分歧。在退出问题上美欧如何协调将是多伦多峰会的一大看点。

8.印度：征银行税不适合印度

印度政府官员表示，在峰会上，新兴经济国家与发达国家在如何促进世界经济复苏的问题上将产生不同意见。

各国应对金融危机的情况不同，经济增长形势不同，西方国家必

须认识到这一点。

印度官员指出,欧盟目前被一些成员国的财政赤字和债务危机所困,法德两国都希望收缩开支。但德国如果采取财政紧缩政策,它可能会陷入双重经济衰退,而且整个欧盟的经济也将随之收缩,这不利于世界经济复苏。

印度官员同时表示,美国政府最近提出要征收银行税和加强对银行的政策限制,西方很可能要求印度等国也采取类似措施,但这并不适合印度,因为印度的金融体系相当健康。

9.中国:谨慎决策防范风险

中国外交部副部长崔天凯曾经在媒体吹风会上说,多伦多峰会是二十国集团峰会机制化后的首次峰会,具有承前启后的重要意义。中方希望有关各方维护二十国集团信誉与效力,巩固该集团国际经济合作主要论坛的地位。

中方在此次峰会上强调,为推动全球经济稳定复苏,各国应保持宏观经济政策的连续性和稳定性;根据各自国情谨慎确定退出战略的时机和方式;在致力于经济增长的同时防范和应对通胀和财政风险;反对贸易和投资保护主义,促进国际贸易和投资健康发展。

中方还指出,为实现全球经济强劲、可持续增长,发达国家应采取有效措施解决自身存在的问题,以减少国际金融市场波动;发展中国家应通过改革和结构调整,以促进经济增长。

集团宗旨

二十国集团属于非正式论坛,旨在促进工业化国家和新兴市场国家

【走近二十国集团】

二十国集团还为处于不同发展阶段的主要国家提供了一个共商当前国际经济问题的平台。同时,二十国集团还致力于建立全球公认的标准,例如在透明的财政政策、反洗钱和反恐怖融资等领域率先建立统一标准。

就国际经济、货币政策和金融体系的重要问题开展富有建设性和开放性的对话，并通过对话，为有关实质问题的讨论和协商奠定广泛基础，以寻求合作并推动国际金融体制的改革，加强国际金融体系架构，促进经济的稳定和持续增长。

2011巴黎G20财长会议

全球瞩目的二十国集团财政部长和央行行长会议于当地时间2011年10月15日在法国巴黎闭幕，此次会议是在全球经济尤其是欧债危机深度演化的背景下召开的，吸引了各方关注。

会上，各成员国财政领袖支持欧洲方面所列出的对抗债务危机的新计划，并呼吁欧洲领导人在23日举行的欧盟峰会上对危机采取坚决行动。

此外，与会各方还通过了一项旨在减少系统性金融机构风险的大银行风险控制全面框架。

在本次财长会上，全球主要经济体对欧洲施压，要求该地区领导人在当月23日的欧盟峰会上"拿出一项全面计划，果断应对当前的挑战"。

呼吁欧元区"尽可能扩大欧洲金融稳定基金(EFSF)的影响，以便解决危机蔓延的问题"。

有海外媒体报道称，欧洲官员正在考虑的危机应对方案包括：将希腊债券减值多达50%，对银行业提供支持并继续让欧洲央行购买债券等。

决策者还保留了国际货币基金组织(IMF)提供更多援助，配合欧洲行动的可能性，但是对于是否需要向IMF提供更多资金则意见不一。

当天的会议还通过了一项旨在减少系统性金融机构风险的新规,包括加强监管、建立跨境合作机制、明确破产救助规程以及大银行需额外增加资本金等。

根据这项新规,具有系统性影响的银行将被要求额外增加 1% 至 2.5%的资本金。

二十国集团成员同意采取协调一致措施,以应对短期经济复苏脆弱问题,并巩固经济强劲、可持续、平衡增长基础。所有成员都应进一步推进结构改革,提高潜在增长率并扩大就业。

金融峰会

二十国集团金融峰会于 2008 年 11 月 15 日召开,作为参与国家最多、在全球经济金融中作用最大的高峰对话之一,G20 峰会对应对全球金融危机、重建国际金融新秩序作用重大,也因此成为世界的焦点。

金融峰会将达成怎么样的结果?对今后一段时间的全球经济有何推动?对各大经济体遭受的金融风险有怎样的监管和控制?种种问题,都有待回答。

第一,拯救美国经济,防止美国滥发美元

目前美国实体经济已经开始衰退,为了刺激总需求,美联储已经将基准利率降到了 1%,并且不断注资拯救陷入困境的金融机构和大型企业,这些政策都将增加美元发行,从而使美元不断贬值。

美元是世界货币,世界上许多国家都持有巨额的美元资产,美国

【走近二十国集团】

如何拯救美国经济,防止美国滥发美元;要不要改革IMF,确定国际最后贷款人;必须统一监管标准,规范国际金融机构活动。这里对峰会做出的三大猜想,一定也有助于读者更好地观察二十国集团金融峰会的进一步发展。

滥发货币的行为将会给持有美元资产的国家造成严重损失。因此，金融峰会最迫在眉睫的任务应是防止美国滥发货币，而为了达到这个目的，各国要齐心协力拯救美国经济，这集中体现在购买美国国债上。

截至2008年9月30日，美国联邦政府财政赤字已达到4548亿美元，达到了历史最高点，因此，美国财政若要发力，需要世界各国购买美国国债，为美国政府支出融资。因此，G20的其他成员要步调一致，严禁大量抛售美国国债，只有这样，才能稳住美国经济，自己手中的美元资产才能保值增值。

第二，改革IMF，确定国际最后贷款人

查尔斯·金德尔伯格在其脍炙人口的《疯狂、惊恐和崩溃：金融危机史》里指出，最后贷款人对解决和预防金融危机扩散至关重要。如果危机发生在一国之内，该国的中央银行可以充当这一角色，但是如果其演变为区域性或全球性金融危机，就需要国际最后贷款人来承担这一角色了。

1944年成立的国际货币基金组织（IMF）就是为了稳定国际金融秩序而建立的一个国际最后贷款人。但是，IMF本身实力有限，只能帮助应对规模较小的金融危机，而且一直受美国利益的支配，在援助受灾国的时候，往往附加苛刻的政治条件，限制了受灾国自主调控经济的自主性，往往在解决金融危机的同时导致严重的经济衰退。

【走近二十国集团】

在国际范围内，既不存在世界政府，也没有任何世界性的银行可以发挥这种功能，但是如果G20能够达成一种世界性的协议，共同应对更大规模的危机（例如由美国次贷风暴所引发的金融危机），将成为一种次优选择。

在这次峰会中，G20其他成员，尤其是新兴经济体将更多地参与到IMF改革中来，包括要求更多的份额、在决策中拥有更多的发言权等。但是IMF的问题还不止于此。IMF成立之初主要为了应对贸易赤字所带来的国际收支失衡,但是今天的问题是资本流动成了影响一国国际收支的主要因素,在巨量的资本流动面前,IMF 发挥的"救火"功能十分有限。在这种情况下,应确定规模更大的、协调功能更好的、能应对巨额资本流动冲击的国际最后贷款人。

第三,统一监管标准,规范国际金融机构活动

这次危机的根源之一是美国金融监管过度放松。作为金融全球化的主要推动者,美国对其金融机构和金融市场创新的监管越来越宽松,在这种宽松的环境下,其投资银行、商业银行和对冲基金等金融机构高杠杆运营,在全球其他国家攻城略地,屡屡得手。例如,1992 年的英镑和里拉危机,1997 年的亚洲金融危机,在很大程度上都是对冲基金兴风作浪的结果。由于这些机构在全球运行,可以通过内部交易或者跨国资本交易来逃避世界各国的金融监管,因此,统一监管标准,规范国际金融活动,就成了除美国之外,G20 其他成员的共同心声。美国也想加强金融监管,但是它更清楚要掌握监管

规则制定的主动权。如果放弃主动权，美国在国际金融体系中的霸权地位将会被极大撼动，这是美国金融资本所不愿看到的，而这也恰恰是 G20 其他成员的金融资本所诉求的。欧盟成员国在这个问题上早早表明了立场，预计在金融峰会上，美国或者置之不理，或者与G20 中的欧盟成员国展开一番唇枪舌剑。经济和政治犹如一对孪生兄弟，如影随形。这次金融峰会不光要应对全球经济危机，更关系到美国相对衰落之后的全球利益调整。这个讨价还价的过程不是一次金融峰会就可以解决的，未来更多的峰会将接踵而来。目前，中国是世界上仅次于美国的第二大经济体，拥有全球最多的外汇储备，其他各国都盯住了中国的"钱袋子"，更加关注中国的动向。中国应抓住这次世界经济和政治格局调整的机会，主动发挥大国的作用，参与国际规则的制定，为中国的崛起、为全球金融和经济的长治久安做出自己的贡献。

【走近二十国集团】

二十国集团成员涵盖面广、代表性强，该集团的GDP占全球经济的90%，贸易额占全球的80%，因此已取代G8成为全球经济合作的主要论坛。

第一章　英国财富从这里腾飞

　　英国全称大不列颠及北爱尔兰联合王国，是位于欧洲西部大西洋中的群岛国家，由大不列颠岛和北爱尔兰岛东北部及附近许多岛屿组成，总面积24.36万平方公里。与美女相比，"圣教干城"更喜欢教会手中的权力和金钱，这才是英国宗教改革的真正原因。于是，教廷成为原始资本积累的第一滴血。

财富小百科

在英国，有这样的一则寓言：

伊塔几天一直坐在他的地边而不挖已经成熟的土豆，他的邻居安第问他为什么不干活，伊塔说："我不用受累，我的运气好极了。有一次我正要砍几棵大树，忽然一阵飓风把大树刮断了。又有一次我正要焚烧地里的杂草，一个闪电把它们全烧光了。"

"噢，你的运气真不错，那你现在在干什么呢？"安第问，伊塔回答说："我在等地震把我的土豆从土里面翻出来。"我们要想获得成功，绝对不可像他那样做，要明白这样的事实：运气不会常有，好运靠你自己去创造。

人们创业、创富和成功，当然需要一些运气，但运气不是创富的唯一和首要条件。许多白手起家的百万富翁肯定会告诉你，财富的增加需要冒经济风险、努力工作、有教养、要执着等条件和因素。

第一节　财富游戏的功与过

历史上的任何一个重大事件,都有着极其深厚的经济根源。单单一个赎罪券,单单一个路德不可能掀起如此大的波澜。

人性是漆黑的夜空,神性只是其中的闪烁星辰。面对漆黑的夜空,教士却很少参悟到神旨,更多的会落入蛮荒。

因为,教士也是人,不是神。

【走近英国】

英国全称大不列颠及北爱尔兰联合王国,是位于欧洲西部大西洋中的群岛国家,由大不列颠岛和北爱尔兰岛东北部及附近许多岛屿组成,总面积24.41万平方千米。

教会有很多职务，教皇、红衣主教、主教……

我认为这些人的职责，应该是拯救世人登上诺亚方舟；神棍们认为，鉴于拯救世人这项工作很有挑战性，自己首先应该被世人拯救。

15世纪，教会已经忘记了上帝的教导，开始拿上帝做财富游戏了，比如"赎罪券"：只要你掏出足够的钱，"赎罪券"就可以替你在上帝面前赎清罪过。

在财富史中，我实在不想将赎罪券算做一种债券，尽管两者相当类似，比如，都有承销商、路演、分销……

教皇亚历山大六世（1492年—1503年在位）公开为赎罪券摇旗呐喊（路演），"当投入钱箱的银币叮当响的时候，炼狱中的灵魂便升入天堂"。

不知这位教皇为自己购买了多少赎罪券。据说他在任期间罗马教廷公开办妓院，从业者居然占到罗马总人口的10%；他本人承认的儿子就有8个；我还看到大英博物馆中保存着一张类似于超市促销的宣传单，上面标明了教会各种职位价码，仔细看了一下，最贵的职位是圣库的理财法官和执事，约为1万英镑，很贵！

教皇如此，也别指望主教们能如何忠贞。

主教们擅长高利贷和享受，据记载，一个红衣主教出入带着一百多随从，都穿着用金丝银线镶边的绫罗……

我读过点《圣经》，对基督教义有一点点浅薄的认识：人有原罪，不能向上帝索求任何赏赐，人生的意义在于救赎，方式只能是忏悔。要知道上帝是很有本事的，连世界都是他在七天内创造的，不可能喜欢您那点孝敬。

对金钱越渴望，就距离上帝越远；如果上帝信钱，你又如何信他？

教会堕落对基督徒来说，是无法接受的：市民、国王和领主都很不满。

市民不会允许教会堕落，因为到15世纪，几乎所有的西欧人都是基督徒，但教廷已经不能承担基督的信众规范。

国王也很不满。比如，神圣罗马帝国，教会独占了全国1/3的土地，每年能搂30万金币，国王仅收入1.5万金币。

领主自是不必多说，甭管教皇您有多神圣，总不能在我的地盘上搂得比我还多啊！

结局：国王、领主、市民不允许教皇在自己地盘上发行赎罪

【走近英国】

英国虽地处北纬50度以北,但周围为海洋环抱,又受西风和北大西洋暖流影响,属典型的温带海洋性气候,全国大部分地区全年不结冰,雨量丰沛。西部和北部高地风大、雾多、日照少,对农作物生长不利,但有利于畜牧业的发展;东南部地区光照充足,土壤肥沃,适于耕种,是英国的主要农业区。

券。只有得到世俗权力的支持和加盟,反对教廷势力才不会遭到教皇镇压,才可能打败强大的教权。

第一个站出来反对教皇融资的人叫做马丁·路德,这绝对是一个传奇人物。

马丁·路德1483年生于日耳曼,父亲是小矿主,算得上家境殷实。父母对路德进行了严格的宗教教育,并让他熟识了拉丁文。14岁时家道中落,求学的路德沦为乞丐,却被有钱人收养(仅此一条,概率就相当低)。

在家境变迁、生存环境艰难的情况下,路德历尽风霜,培养了智力、胆量与见识,恰好,16世纪初叶的神圣罗马帝国为他提供了表演舞台。

路德的专业本来是法学,1505年他刚学了两个月就被雷劈了(没死,这事概率更低),他觉得自己能活下来是上帝的恩典。为酬神恩,当年路德进入奥古斯丁修道院攻读神学,以虔诚、坚韧著称,而他最提倡的,却很恐怖,叫做"自我鞭挞"。这样一个清修士,听到赎罪券可以替代自我鞭挞,心情可想而知。

1517年10月,教皇利奥十世派特使去神圣罗马帝国兜售赎罪券,这与路德对神的认知很不一致。他逐渐感到"基督徒愈接近罗马,就愈变坏。谁第一次去罗马,就是去找骗子;第二次,他就染上了骗子的习气;第三次,他自己就成为骗子了"。

10月31日,路德撰写了《关于赎罪券效能的辩论》,即

《九十五条论纲》，就是传说中被贴到教堂门口的大字报。

可以肯定，大字报不是路德本人贴上去的。

当时，人们如果对神学问题出现理解偏差，通常的做法就是辩论，方式是书信来往。路德写这篇文章的目的不是攻击教廷，而是希望通过辩论使教廷收回成命，"找到一种更合适的方法拯救世人"。

只是，这封书信不断被传抄，到底谁把书信搞成大字报，抱歉，我现在不知道。而且，我也看了路德所谓的檄文：并没有反对赎罪券，而是将罪过归咎于直接贩卖人，路德本人对教皇也相当尊敬，他坚信"教皇有赦免凡人罪行的权力，谁反对这个权力就应该被诅咒"。

路德，并没有出格。

也许，连他自己都没有想到，不出格的举动，引出了非常出格的结果：基督教再次大分裂。

《九十五条论纲》在一个月内传遍了西欧,人们开始质疑赎罪券,最终结果是教皇的债券承销体系遭到毁灭性打击,各地主教纷纷不再购买赎罪券,教皇的银子明显减少……

教皇很愤怒,后果很严重。

教皇不能容忍路德破坏融资的行为,1520年6月,教皇发布破门令,宣布任何人都有义务将路德扭送教廷处置。

对一个基督徒来说,破门令意味着生命结束,路德的身份从主教变为教廷通缉犯,他已经退无可退。

1520年8月,路德公开应战,发表《致德意志贵族公开书》、《教会被囚于巴比伦》和《基督徒的自由》,后来被称为"宗教改革三大论著"。

这三个小册子的核心思想,用直白的语言复述,那就是:信教可以很便宜,信徒没必要向教会交钱。要知道,上帝是万能的,懂个几十种语言也不成问题。通过神殿仪式才能和上帝沟通,别太小看上帝了。

1580年,新教信徒集体破门,自称基督徒,不受教皇管辖。自此,受教廷领导的基督徒在史籍中开始被称为天主教,路德新教在史籍中取得了正统地位,称基督教。

历史上的任何一个重大事件,都有着极其深厚的经济根源。单单一个赎罪券,单单一个路德不可能掀起如此大的波澜。

以上种种,都是表象。

罗马帝国灭亡以来,教皇才是欧

【走近英国】

英国河流短小,主要河流有泰晤士河、塞文河等。英国周围海域为冷暖流交汇处,渔产丰富,种类繁多,特别是多格浅滩,是世界著名的渔场。英国的主要矿产资源有煤、铁、石油和天然气等。

洲真正的精神统治者。市民需要宽松的经营环境，最重要的就是精神自由。若连精神都不自由，我又如何面对瞬息万变的市场？

他们更需要夺取世俗权力，而代表上帝的教皇却是神圣不可侵犯的。这样，教皇很幸福，市民却很不幸。

如果教皇始终控制着精神权力甚至世俗权力，人们都服从了教皇，如何自由地去赚钱？如何实现对金钱的博爱？

"因信称义"表面上是恢复对《圣经》的崇拜，实质上是否定罗马教皇最高权威。打破神圣的天国，上帝才能降临尘世。

尊重神权的权威，也就难有尘世的人性。如果不能对人性宽容。神性又有何意义？

第二节　在财富面前,上帝哭了

与美女相比,"圣教干城"更喜欢教会手中的权力和金钱,这才是英国宗教改革的真正原因。于是,教廷成为原始资本积累的第一滴血。

第一代真正的世界级霸主,是英国。

西班牙、荷兰在全球耀武扬威的时候,英国只是毛纺原料产地和产品市场,主要的出口商品是羊毛和粮食,被称为"农业附庸国"。

更不幸的是,1453年英国在百年战争中刚刚失败,国内金雀花王朝的两位继承者就大打出手,引发了一场三十年的"红白玫瑰之战"(两位继承者的家族徽章分别是红白玫瑰)。无论从哪个角度讲,这个资源匮乏、耕牧结合、战争不断的农业附庸国也不可能成为下一个引领世界的霸主。

英国崛起之路,源自宗教改革。确切地说,捞取英国第一桶金的人连上帝都没放过——"资本来到世间,从头到脚,每个毛孔都

【走近英国】

2007年,英国人口6100万,主要有英格兰人、苏格兰人、威尔士人和爱尔兰人。其中,英格兰人占总人口的80%以上。英国居民多信基督教,北爱尔兰地区有1/3的居民信天主教。英国还有部分人信仰伊斯兰教、佛教、印度教、犹太教等。宗教在英国社会生活中的影响较大。

滴着血和肮脏的东西。"

补充一句,一个国家崛起,仅有血腥和肮脏还是远远不够的。所以,不要以为每个农业国都有机会成为世界霸主。

事情还得从红白玫瑰战争说起:红白玫瑰战争,此战不关风与月,几十年来王冠在很多脑袋上辗转,变为贵族断头的利剑。

战争对人民造成了不小的灾难,对领主造成了很大打击。看清楚,我没说人民灾难很大,也没说贵族打击很小。

实际情况是,即使是三十年来最大规模的战役,双方投入兵力也没超过10万,如果放到春秋战国时代,出门都不好意思跟人打招呼。

红白玫瑰战争,三十年来各派贵族都有胜利。

这句话的另一个意思是,各派贵族都曾经失败。也就是说,各派贵族为战争付出了无数生命和金钱。

1485年,王冠终于落在都铎家族的头上。

亨利七世戴上王冠的时候,王冠的含金量早就不高了,贵族在战争中精疲力竭,英国早就是一个上帝的世界。教会总收入已经占到英国全国总收入(你也可以理解为GDP)的1/3,而且拥有全国1/3的土地。

长此以往,别说新兴资产阶级,连国王也不要混了。

机会很快就来了——欧洲大陆宗教改革。

路德在欧洲大陆和教皇辩论的时候,英国国王是亨利八世,而且不是路德的粉丝。路德刚刚发表《九十五条论纲》,亨利八世就提议国会通过《取缔分歧意见六条法案》,两周后,仅伦敦

【走近英国】

移民在英国的发展史上曾起过重要作用。早在16世纪末,英格兰人就开始移居英国的第一个殖民地——爱尔兰,后来又移向北美及其他地区,并建立了以英国人为主、以英语为主要语言的国家——美国、加拿大、澳大利亚、新西兰及一些小的国家。

就有500人被处以火刑。

教皇很欣赏亨利八世，称他为"圣教干城"。

教皇没有想到的是，欧洲大陆宗教改革还没推开，英国就成为第一个新教国家。因为，圣教干城不但自己很快转投新教，而且，在全国亲自操刀推动宗教改革。

干城是如何变成叛徒的？

很多史籍这样记载：1527年亨利八世向教皇申请离婚，以便迎娶王后的侍女，教皇一直让亨利等了8年，也没有批准，亨利八世怒火中烧，宣布英国脱离教皇控制，开始宗教改革。

以上说辞，只是史家诙谐的玩笑，激励亨利八世的绝对不是男性荷尔蒙。

无论是侍女变成王后，还是王后变成侍女，结果都只能是抓瞎。变成侍女的王后、变成王后的侍女，两人的结局没什么区别，都被幽闭至死。

王后之所以变为侍女，是因为她出自西班牙王室，西班牙是

当时英国资本新贵最大的敌人。如此，广大英国人民是不会答应的。侍女之所以变成王后，是因为她信奉新教又接近国王，英国需要一位新教王后，以便吸引来自欧洲大陆逃亡的新教工匠。

【走近英国】

英国是世界上向外移民历史最久、数量最大的国家之一，历年向海外净移民达1000万人以上。但是第二次世界大战后，英国对劳动力需求增大，现在，英国已成为人口净移入国。

与美女相比，"圣教干城"更喜欢教会手中的权力和金钱，这才是英国宗教改革的真正原因。于是，教廷成为原始资本积累的第一滴血。

1533年，亨利八世宣布国王才是教会在尘世的最高首领；

1534年，英国议会颁布《至尊法案》，"英格兰为主权国家，国王拥有至高无上的权力，不受任何来自帝国之外势力干涉"、"国王陛下，他的后嗣和继承者才是尘世中唯一的最高首脑"……

这位国王可比先人聪明多了，祖先偷个把银盘子就被教皇指着鼻子骂，亨利八世却直接查封了所有的教会财产：先用了4个月时间登记教会财产，编著了著名的《教产账簿》。然后，按图索骥，

先易后难,先查封小修道院,后关闭大修道院;没收教会财产,尤其是土地。

圈地运动,由此开始。英国圈地运动的始作俑者,不是资产阶级,不是农场主,而是这位亨利八世。

因为,"国王要靠自己生活"。这里所谓的"生活"不是国王自己吃点、喝点、拿点,也不仅仅是多娶几个侍女,还有王国的一切内外事务,当然,也包括战争。

为了生活,国王不断出售教会土地,到1547年,2/3的修道院地产被亨利八世交换、馈赠和出售,其中出售占7/8,仅1536年—1547年,王室法庭拍卖掉的土地价值就超过了100万英镑。最终,全国70%的王室土地和50%的领主土地被卖掉了。土地的购买者则是新兴农场主和资产阶级,他们当然不是城堡式耕作,而是放牧收获羊毛。

中古时代,领主的继承、婚姻、分封是地产转移的主要原因,结果是权势、财富只在领主层面转移。都铎时代,地产买卖不再具有封建因素,而是纯粹的经济现象。地产已褪去了光环,不再是社会、政治的附加成分,而成为一种可以与货币进行自由交换的商品。

因为,王室只要钱。

自此,英国社会结构终于出现了变化——土地不再是控制臣民的方式,而成为一种纯粹的物质财富。

【走近英国】

英国是欧洲人口最稠密的国家之一,平均每平方公里250人。城市人口比重大,占90%,百万人口以上的大城市有伦敦、伯明翰、利物浦、曼彻斯特、利兹、格拉斯哥等。其中,英格兰中部城市带的人口就占全英格兰人口的48%,这里是英国最重要的工业中心区之一。

第三节　圈地运动下的英国财富

　　任何时代,土地都是主要的社会财富,但是,社会财富的真正增加,归根结底还是要靠物质产出,也就是说,利用土地的方式必须有所改变。土地还是那片土地,只有采用不同的生产方式才能带来辉煌。

　　传说中的圈地运动,有人痛斥这是一场"羊吃人"的悲剧:农奴成了离开土地的农奴,也失去了谋生方式,成为资本主义发展必需的条件之一——自由劳动力。有人却赞颂它是"公地悲剧"的

结束:自此,公用土地有了所有者,大家不能在土地上乱来了。

小时候,历史老师告诉我:"圈地运动"就是一个戴着礼帽的英国人赶着一匹马,马跑到那里,这块地方就算是弃农从牧了。每次看到这段历史我都很奇怪,为什么有人可以随便画圈,有人却只能离开土地?

连个幌子都没有,就抢别人土地,真牛!

现在我知道,领主土地分为两种:一种由农奴耕种;一种是城堡公地,大家都可以在上面搞些副业,比如养羊。

被圈的土地,就是公地。而且,在向工业化演进的历程中,英国圈地运动始终没有停止。

不过,这里还是要说,失地农奴与工业革命需要的无产阶级并非同一群人,因为工业革命至少还要一个世纪才能发生,而圈地运动的高潮是在16世纪—17世纪。

那么,失去土地的农奴到底去哪里了?

答:没有失地的农奴,即使到18世纪末期,英国小农人数也还处于增加的趋势。

耕地改为牧场了吗?

答:公用土地,只能放牧、烧炭、打草,本来就不是耕地。

全国皆养羊就能变成强国,那是绝对不可能的。一个崛起的世界级大国,就算全国皆牧场、农奴皆流民,也不可能造就强势产业。

【走近英国】

英国是世界上最早进行工业革命的国家,曾被称为"世界工厂"。

任何时代,土地都是主要的社会财富,但是,社会财富的真正增加,归根结底还是要靠物质产出,也就是说,利用土地的方式必须有所改变。土地还是那片土地,只有采用不同的生产方式才能带来辉煌。

真正支撑英国崛起的,是牧业背后工场

手工业的兴起,这是一种崭新的生产方式,是一种可以解放农业劳动力的生产方式。

既然是解放,当然会让农业劳动者脱离土地。只有脱离繁重的体力劳动,才有可能继续人类下一步的辉煌。

英国正是靠着这种血腥的资本积累方式才积蓄了力量,国内纺织产业一跃成为欧洲翘楚,号称"衣被欧洲"。

所以,尽管历代史家对这段历史痛加贬斥,但马克思对这段历史盖棺定论式的评价却是:"这场农业革命揭开了资产阶级时代的曙光,开创了一个新时代。"

圈地运动残酷吗?

圈地者无良知吗?

农奴悲惨吗?

以上问题,答案皆为:是。

很多人被迫离开土地转入工场做工,这个事儿肯定有;资本家残酷奴役劳工,很多人宁愿流浪也不愿做工,也是确定无疑的。

于是,经常有人援引1601年的《济贫法》,这部法律规定,健康流浪者被抓住3次,就要被砍头。

于是,有人痛斥,这是王室和资产阶级的无耻勾结。

现在,我要提醒大家,人们歌颂或者贬斥一个现象的时候,往往会夸大某个方面。所以,大家通常看到的《济贫法》只是删节版。

《济贫法》确实是英国历史上最严厉的济贫法律,不过,这部法律提到的穷人

【走近英国】

第二次世界大战后，英国经济实力削弱，在欧洲乃至世界的经济地位日趋下降。但由于英国工业发展历史悠久，拥有比较完整的国民经济体系和工业体系，仍是世界上拥有相当经济实力的国家，特别是一些新兴工业部门，如航天、电子、石油化工等部门的产品和技术在国际市场上具有相当竞争力。

分三类：一是没有劳动能力的人；二是家庭规模过大，无力供养家庭的人；第三类人是"有工作能力却好逸恶劳的穷人"。

严厉的条款是针对第三类人的。

随后，《济贫法》又两次被修正，"每个城市、自治镇和集镇的治安法官应为流民提供生产资料，将穷人安排进纺织作坊工作"，死刑、监禁、烙耳等刑法被取消。

英国王室是最大的领主贵族，小领主也是王室存在的基础。资产阶级要搞掉领主贵族，向往"平等、博爱、自由"，那就等于要搞掉英国王室所有的权威，王室才不希望跟资产阶级勾结呢。

勾结,去哪里勾?又怎么能结?

历史在很多时候都充满了偶然。国王猜到故事的开头,肯定没有猜中故事的结尾。亨利八世如果知道自己给予孙后代带来什么样的麻烦,一定会后悔到把棺材啃穿。

英国宗教改革的另一个结果:议会势力居然在王权支持下空前加强。

对,你看得没错,议会势力是在王权支持下成长的。

中国农民起义的时候,一般都要搞一套把戏,什么"大楚兴,陈胜王"、"石人一只眼,挑动黄河天下反"、"金刀玉玺"等,虽然毫无新意,却也百试不爽。

西方人,也一样。

国王也喜欢搞君权神授,法兰克王国的矮子丕平再牛,也得经过教皇加冕。只是,亨利八世却不再可能沿着前辈的足迹走下去了,因为,他抢劫的是教皇。

当时,"至少有五分之四的教士反对国王",更可怕的是,宗教改革初期,英国还有80%的臣民信仰天主教,大部分居民对国王这种做法并不理解。

没有君权神授,亨利八世想到了国会。

上帝不让我统治王国,如果臣民愿意,这事情也能凑合。就算国会不能代表广大英国人民,代表个把新兴资产阶级问题还是不大的,"只要我的政令能到达富人,剩下的事情,让富人去做吧!"

亨利八世在位期间,国会先后颁布300多部法律,涵盖社会生活方方面面。自此,国王依靠国会立法成为习惯,加之贵族衰败,国王、法官和国民开始服从法律、执行法律,"服从法律"成为16世纪英国政治生活的一个显著特征。

"亨利八世需要议会,他只能小心翼翼地培植它",因此,"这个王权强大的王朝,并没有超过人民的限制"。

第四节　内战中的财富现状

我曾经认为,国王要多少钱有多少钱,是一个国家最富有的人。实际情况是,查理一世没有固定税赋收入,只能靠出租土地和贵族捐赠维持生计。非但如此,英国王室在地方没有派驻官吏,也没有常备军,每遇战争就需要临时召集雇佣军。

亨利八世有一个女儿,叫做伊丽莎白一世,是一位不世出的女王,也是侍女王后留给英国最大的财富。可以说,伊丽莎白一世为英国崛起奉献了整个人生:终身未婚,却以婚姻作为筹码在列强中纵横捭阖;以弱小国力对抗西班牙,终于击溃了无敌舰队……

【走近英国】

英国工业发达，工业是国民经济中最重要的部门。第二次世界大战后，英国对其工业结构进行了较大调整，传统工业部门如纺织、采煤、冶金、造船等比重下降；新兴工业部门如生物制药、航空和国防、电子等部门迅速发展，是英工业研发的重点，也是英最具创新力和竞争力的行业，并逐渐成为工业中的主导部门。

总之，这位女王很伟大。

伟大的原因，是因为王室欠下了一屁股债。

1625年，王位传到都铎家族旁支斯图亚特王朝查理一世手里，英国王室财政已经千疮百孔（请注意，不是国家财政）。

我曾经认为，国王要多少钱有多少钱，是一个国家最富有的人。实际情况是，查理一世没有固定税赋收入，只能靠出租土地和贵族捐赠维持生计。非但如此，英国王室在地方没有派驻官吏，也没有常备军，每遇战争就需要临时召集雇佣军。

刚才说过，英国王室始终要靠自己生存，要为国家战争及一切公共事务埋单。

国王，可谓大公无私。

一般情况下，国王即位后就能得到终身征收吨税（进口酒类关税）和磅税（羊毛出口关税）的权力，轮到查理一世的时候，国会仅给了他一年征税权。

经过宗教改革，英国已经是一个彻底的新教国家，与法国等天主教国家之间始终有着错综复杂的战争，查理一世要独立支付庞大的军费。当国王不久，很穷的查理一世由此变得精穷，他只得强行征收吨税和磅税。

此前，国会对此往往睁一只眼闭一只眼，毕竟这种税收已成定规，谁也不会太认真。可不知何种原因，1629年，国会突然宣布，缴纳这两种税赋的人，尤其是商人，是叛徒。

国会，可谓很不厚道。

我为国家掏自己腰包，你在背后捅刀子！

查理一世愤怒了，他下令关闭了国会。

没有国会的时候，虽然个把刁民起诉查理一世收税不合法，查理倒也平安无事，能凑合着混下去。

1639年，苏格兰发生农民起义，很快起义军就进入了英国北部边境。为再次凑足召集军队的钱，1640年查理一世不得不重新召开议会，商讨开征新税。

议会讨论的结果是：通过204款《大抗议书》，谴责查理一世妄称天威神武、任意妄为；至于如何收税，《大抗议书》压根就没提。

面对《大抗议书》，查理一世暴跳如雷，只是，后果一点也不严重。当国王带着卫队进入议会试图逮捕《大抗议书》起草者的时候，不但发现议会大厅已经空无一人，而且，国王路上被无数市民谩骂。

> **【走近英国】**
>
> 英国能源资源丰富，其储量和产量均居欧盟首位，是欧盟中能源资源最丰富的国家，能源产业在英经济中占有重要地位。

我为这个国家耗尽家财，现在强敌压境，不就收点钱，至于吗？

查理一世很伤心，1642年1月10日，国王悄悄离开伦敦，到达了北方的约克。8月，查理一世在诺丁汉升起王旗，声称要讨伐叛国的议会。

对一位相信君权神授的国王来说，这些都在情理之中。不在情理之中的，是这位国王的融资方式。

查理一世居然以250万亩苏格兰土地作为抵押向全国人民借钱。要知道，此时苏格兰和英国压根就不是一个国家，更不是王室私产，拿其他国家的土地做抵押，您没喝多吧？

从此，国王走上了不归路。

在查理一世彻底结束表演之前，他还要遇到两个人。

我要说的第一个人，或许大家并不熟知。因为，很多时候，历史只记得最后的成功者。

最初，查理一世要讨伐的人并不是人们熟知的克伦威尔，这个人的名字叫约翰·皮姆——《大抗议书》的起草者、议会下院领袖。

皮姆只是一位改革者,他只要求限制王权,只希望依靠温和的手段制约国王。至于砍掉国王的脑袋,估计这位仁兄连想都不敢想。

　　　　君主之位可以加冕于人,但王位不是权力。

　　　　　　　　　　　　　　　　——约翰·皮姆

　　查理一世=无钱=无人支持=士兵甚至将领经常溜号=没有固定的军队;

　　皮姆=消费税+土地税="模范新军"=2万步兵+4000骑兵。

　　后期在军事占优的条件下,皮姆仍旧希望查理一世重回到谈判桌前,在和平框架下解决问题。直到1644年马斯顿荒原会战后,皮姆领导下的议会仍旧呼吁双方解除武装力量,"以便无偏无倚、无顾虑地谈判"。

　　但是,查理一世拒绝了。他想到了一个绝妙的法子,既然不能以苏格兰土地做抵押向英格兰融资,那么就以英格兰土地向苏格兰叛军求援!

　　查理一世坚信,在苏格兰军队的支持下,他很快就能击溃新军。

　　您还真敢想!英格兰土地又不是王室的,还不是一张空头支票?

　　查理一世的对手皮姆却很实在,每年支付苏格兰叛军3万英镑,以此换得苏格兰不支持国王。看在现金的面子上,双方签订《庄严同盟圣约》,不仅切断了查理一世的外援,也保证了决战中新军不至于腹背受敌。

> **【走近英国】**
>
> 英国是世界上石油、天然气和煤炭的重要生产国之一,也是重要的能源出口国之一,其能源出口约占能源生产的18%。二战后英国能源结构发生了巨大变化,1950年煤炭占能源消费量的90%,石油只占9.1%;70年代随着北海油田的开发利用,石油和天然气的消费比重不断上升,到1998年,已上升到70.5%,煤炭消费比重降为17.9%。

【走近英国】

　　历史上的英国曾被称为"贫油国"，长期以来，所需石油几乎全部靠进口。20世纪60年代末，在英属北海水域发现极丰富的油气资源后，英国投入巨资并大力吸引外资，采用世界最先进的开采技术，对油田进行勘探和开采，使油田迅速投产，产量迅速增加。

　　历史证明，无论什么时候，都是现金最好使。

　　如果皮姆能坚持到内战结束，查理一世即使战败也不可能人头落地，英国也可能少走几十年的弯路。

　　遗憾的是，1643年12月8日，皮姆逝世于伦敦。此时，查理一世第二位真正的敌人出现了，他就是克伦威尔。

　　从古至今、从东到西，曾经有无数人争论：克伦威尔究竟代表谁？无产阶级，资产阶级，议会，农民？……

　　答：克伦威尔谁也不代表。

　　军事强人眼中，没有规则，对他们来说实力才是规则。自此，英国内战彻底失去了控制，也失去了理性。

　　1647年，王军彻底溃败，查理一世则逃亡苏格兰。苏格兰人非常不够意思，以40万英镑的价格把他卖给了模范新军。

　　事后，查理一世戏谑自己"我是被买进和卖出的"。

第五节　他是财富拥有者还是卖国贼

无论怎么审判，克伦威尔都知道，查理一世始终是英国国王。他只需逃离伦敦，随便到一个乡村，振臂一呼就能纠集起一批效忠于王室的骑士。

到那时，他才是一个真正的叛国者。

国王，必须死。

国王与议会内战，倒霉的不只是国王。

倒霉的，还有议会。军方力量不仅要消灭国王，而且要控制议会，因为，暴力从来就不崇尚平等。

战争胜利后，议会下院要求军队分驻在全国各地，然后遣散。

开什么玩笑，老子拼命打下来的江山，想鸟尽弓藏？

军事力量一旦长成，就很难在制度框架内约束直至消灭，他们从暴力中成长，也只相信暴力。克伦威尔的回应是：率军进入伦敦，驱逐了

2/3的议员，建立了一个服从于军队的议会。

即使如此，这1/3的剩余议员仍旧和克伦威尔发生了激烈的冲突。在审判查理一世的问题上，矛盾终于爆发了。

英国议会分为上院和下院，上院代表贵族，下院代表新兴工商业者。上院、下院无论谁代表谁，无论哪家进步、哪家反动，都只是政治势力中的博弈者。

【走近英国】

1975年，英国石油产量仅122万吨，1980年猛增到7891万吨，达到自给有余，使英国能源工业面貌大为改观。2006年，英国石油产量7660万吨，仅次于挪威，居西欧第二位。石油工业的发展，带动了英国整个工业的发展，改善了其国际收支状况。

只要是政治势力，就得有反对者。一个人的博弈注定是独角戏，结果才是真的任意妄为、荼毒生灵。

永远不可能有一个人的正义。

此时，上院是下院唯一的反对者，也是克伦威尔最大的敌人。

反对我，就取缔你的发言权。

克伦威尔宣布："人民是一切公正权力的源泉，人民选举的代表拥有国家的最高权力，下院宣布或制定的任何法案都具有法律效力，所有人都不得违背，即使这些法案没有得到国王或上院的批准。"

这段话，在另外一个场合是这么说的："我就可以代表人民，我才拥有最高国家权力，我的话就是法律，所有人不得违背。至于国王和反对者，Go to hell！"

克伦威尔又失算了，即使关闭了

上院,审判国王的提案仍旧没有通过。

1648年12月6日,军队再次将下院反对审判国王的议员赶出了议院,终于得到了他们想要的结果。

接下来的事情,不再是革命,而是闹剧:在缺席一半法官的法庭上,得出了一个处死国王的判决,罪名是国王投靠苏格兰(虽然这事儿新军自己也常干,而且更离谱)。

如果不让我说话,别人还指望能有什么公道?

——查理一世

这场审判最根本的理由是:克伦威尔需要国王的脑袋。

无论怎么审判,克伦威尔都知道,查理一世始终是英国国王。他只需逃离伦敦,随便到一个乡村,振臂一呼就能纠集起一批效忠于王室的骑士。

到那时,他才是一个真正的叛国者。

国王,必须死。

1649年1月30日,查理一世在白厅断头台上留下了自己的遗言:"我希望在不久的将来,你们能够宽恕将我送至此的那些人,因为他们的声音并不属于他们自己。同时,我也希望你们能够继续享受作为一个英国国民所

能享受到的自由,但愿这不是奢求。宽恕是君王的特权,现在——我将它留给了你们。"

历史上永远没有绝对的先进,也没有绝对的反动,所有的对或错都是某种程度上的对或错。说到底,先进和反动之争不过是反动势力赚的钱少点,先进势力赚的钱多点(先进生产力和落后的生产关系枷锁)。

如果靠鲜血解决江湖纷争,甚至动用暴力战争,民族将为之付出停滞甚至倒退的代价。鱼死网破对大家都没有好处,双方都必须让步,政治的精髓恰恰就是一种利益对另一种利益妥协。

占尽一块蛋糕的人,只能是封建专制;鲜血,只能浇灌暴君专制的渴望。

查理一世人头换来的,就是这个结果:克伦威尔被军方拥戴为护国主,终生不易,而且世袭;议会被军官会议替代。

这位天才的草根枭雄绝非善男信女:血腥镇压剑桥等郡农民运动,屠杀平民派士兵;远征爱尔兰的时候在德洛格达屠城;残存的下院也被解散。当时下院议员高呼"自由"时,克伦威尔回答:"你们有呼吸的自由。"

为什么议会首领克伦威尔比专制代表查理一世还蛮横?

因为,克伦威尔有的是钱,想怎么对国民收税,就怎么收税。

查理一世绝对没有这个本事。失去了最大的反对者,议会再不能制约自己养大的这头怪兽。

长期征战的结果无疑是横征暴敛,加上护国政府实实在在是一个腐败成风的政权,克伦威尔的亲友几乎把持了所有要害部门。克伦威尔当政后期,国家财政再次濒临崩溃,1656年财政赤字为80万镑,

【走近英国】

英国煤炭资源丰富,储量居欧洲前列。英国煤炭分布广泛、煤层浅、煤质佳,烟煤占94%,经济意义重大。煤炭工业是英国最古老的工业部门之一,曾是英国早期工业化的动力支柱。

1657年就达到了150万镑，1658年他临死前则成为200万镑。

这位天才的军事领袖应对财政赤字的方法是货币减重，当时英国可是以金银为货币的，唯一的结果就是通货膨胀：1658年小麦价格至少比1654年上涨一倍。

这已经是抢劫的最高境界。

强人政治有一个致命的弱点：失去强人后必然变成一盘散沙，因为，强人不允许另一个强人存在，不会有人瞬时填补权力真空。

1658年克伦威尔去世，他儿子根本驾驭不了老爹手下的军队，军官组织了"安全委员会"，驱逐了护国主二世，准备实行军政统治。

如果顺着这个路径走下去，英国军队会互相PK，胜者将重新统治英国，英国将走入一个历史循环的怪圈。

所幸，不是。

英国议会军队不是常备军，而是雇佣军。雇佣军也服从命令，前提是，给钱。

在英国走到十字路口的时候，数百年来积蓄的商人力量终于爆发了。手段很简单，拒绝给军官贷款。不给钱，士兵就会走人。高级军官走投无路，走上了查理一世的老路：重开议会讨论征税。

议会不可能允许军人获得稳定的收入，没有金钱的军队，如同没有血液的怪兽，终于拜倒于商人脚下。

1660年，议会讨论结果：斯图亚特王朝复辟。

第六节　超级财富骗局

　　理论上,南海公司这种做法并不违法,他们的资产居然是合法的。

　　只要有证券市场存在,就会有各种各样的故事,只是故事的主角不断变换。故事本身没有错误,那何尝不是人类的梦想?

　　南海公司,诞生在一个充满创新的时代,这个时代天翻地覆、英雄辈出,今天,我们称呼它为"工业革命"。

　　现在,我列出一个简短的名单,他们全部属于那个年代:

物理学奠基人、高等数学奠基人牛顿〔英〕；

经济学奠基人、《国富论》作者亚当·斯密〔英〕；

化学奠基人普列斯利特〔英〕；

西医创始者、医药学奠基人波义耳〔英〕；

蒸汽机改良者瓦特〔英〕；

……

【走近英国】

2005年，英国发电量为3605亿千瓦/时，其中，煤和天然气约占总发电量的2/3。1956年，英国建成了世界上第一座大型核电站，当时核电比重居世界之首。现英国拥有核电站19座，居世界第五，为全国提供23％的电力。英国正积极开发风能、潮汐能等可再生能源，2006年风电装机容量197万千瓦，居世界第八。计划到2010年，可再生能源电力所占比重将达到10％。

正是有了他们，人类才有了高等数学、理论物理、化学、西医和近代工业，人类才有了现代文明。

南海公司，与众不同；它创新的，是谣言。

1711年，一名叫做哈利·耶尔的商人成立了南海公司，南海就是今天的秘鲁和墨西哥湾。南海公司的营业范围是承担王室60万英镑的债务，作为报答，耶尔获得了南海贸易垄断权，英国政府永

财富世界行
CAI FU SHI JIE XING

【走近英国】

英国钢铁工业发展历史悠久，是现代钢铁工业的发源地，很多炼钢方法均起源于英国。19世纪70年代，钢产量曾占世界1/2以上，后发展缓慢。

久性赋予该公司酒、醋、印度货、缫丝、烟草、鲸鳍的免税权。而且，成立之初，南海公司已经取得了西班牙王室南大西洋领域贸易专营权。

南海，尽人皆知，蕴藏着数不尽的金银（假的），而且，西班牙已承诺放弃当地四个港口的征税权（也是假的）。

经理英国国库，具有英国、西班牙两个贸易专营权！

这些概念比今天的大盘蓝筹、垄断央企毫不逊色，在某种程度上，南海公司是当时英国的中央银行，这可是接手王室债务的公司，相当于中国人民银行上市了！

投资者没信心，脑子秀逗了？

实际情况是，英国商船要向西班牙交纳25%的利润，其余75%加征5%的税。唯一免税的商品，是奴隶，但只能运往墨西哥、秘鲁或智利。

1720年1月，英国议院开始讨论如何偿还国债，共涉及3000万英镑。此时，南海公司为了独自承揽国债，提出了非常优惠的条件：国债利率降为4%。当最强大的对手英格兰银行放弃国债竞标时，伦敦亢奋了：南海公司股价仅用一天时间就从130镑上升到300镑。

让一个公司承担所有国债，搞不好是要出事情的，议院用了两个月时间讨论是否接受南海公司提案。这两个月向大家说明了一个道理：证券市场的故事,只有更离谱,没有最离谱。

耶尔对南海公司的董事们说:

西班牙将允许南海公司在所有殖民地自由贸易;南海的丰富矿藏将使英国金银与土同价;墨西哥将把全部金矿用来购买英国的棉花和羊毛,而南海公司将承揽所有贸易;南海公司可以不向任何外国政府缴纳关税⋯⋯

以上种种,都是假的。

4月7日,议会通过法案,确定南海公司为政府国债唯一承销商。5天后,也就是12号,南海公司董事会按照3倍溢价增发100万股,允许投资者以分期付款的方式购买。

当日,认购价在黑市上就翻了一倍。

接着,董事会又以4倍溢价发行了第2个100万股,几个小时之内被认购一空。

1720年1月1日伦敦股票指数只有190点,到了7月份突破了750点,半年之内翻了三番。

推动伦敦市场指数狂飙的,除了南海公司之外,还有一系列皮包公司。它们有的说能造永动机,有的说能改变孩子命运,有的说能从水银中提取银⋯⋯有一家公司居然叫做"经营和承揽巨大好处,"但没人知道它是什么的公司!

惊讶吗?

连雷电都能从天上弄到地下,还有什么干不成的?

恰恰是南海公司想打破这种泡沫。跟那些皮包公司相比,毕竟南海公司还算有理想的,尽管是大忽悠的理想。

你们没素质!

南海公司将这些皮包公司送上了

【走近英国】

英国的主要钢铁中心有塔尔伯特、莱温港、斯肯索普、设菲尔德和多瑟维尔。英国钢产量的一半左右供出口。英国钢铁公司是英国最大的钢铁企业。

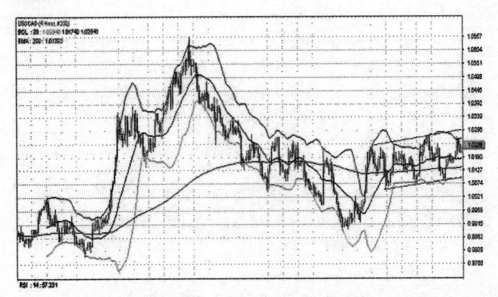

法庭,罪名是"未经许可擅自发行股票"。法院判决南海公司胜诉,并由此炮制了《泡沫法案》。

1720年7月12日,英国政府宣布禁止104家公司股票交易,任何敢于交易这些公司股票的经纪人都将被处以500英镑罚款。

很多人说:在市场狂泻中,南海公司倒闭了。

这事,没有。

市场狂泻过程中,南海公司依然健在,而且股价坚挺。

只是,在低迷的市场中,别说是神话,真实的故事都未必能激起投资者的激情,此时,人们会怀疑一切!

覆巢之下,安有完卵?

南海公司这些玫瑰般的财富神话是真的吗?尽管股票市值没有下跌,却一反高速飙升的势头,开始高位震荡。

久盘必跌……

9月份刚刚开始的第一周,南海公司股价始终在700英镑徘徊,距离高位890英镑已经跌去了22%。尽管南海公司董事会出面回购,但仍旧没有止住跌势。

一周过去了……

9月8日,南海公司召集公司全体会议,耶尔宣称南海公司是国家的英雄,是他们让官员、教士、农民乃至全体国民获得了巨大财富,投资者永远不会忘记他们!

> **【走近英国】**
>
> 机械工业是英国主导工业部门,在英国工业中具有举足轻重的地位。英国该行业门类齐全、技术先进。传统部门是汽车和造船业,战后发展起来的新兴部门以航空航天和电子工业最为重要。

最后,会议决定不惜一切代价把股价稳定在700英镑!

没有人会听你的。

当日,股价跌至640镑,次日又跌到540镑,此后连续下跌到400镑。

确实不会忘记他们,你是投资者心中永远的痛!

9月12日,南海公司走出了一着错棋——向英格兰银行求助。耶尔的原意是借助英格兰银行声誉挽回市场跌势,至于英格兰银行是否注资,完全是另外一个问题。

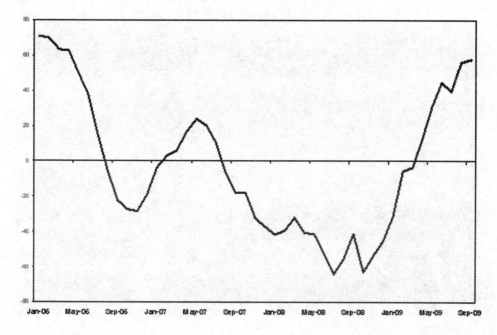

只要投资者不再潮水般抛售手中的股票,他是有能力稳定股价的(最后,你才会发现,他是如何获得这种能力的)。

江湖开始流传一条消息,英格兰银行已经同意向南海公司的证券斥资600万……

当日,股价应声而起,反弹至670镑。不过,耶尔仅高兴了几个小时。

【走近英国】

英国的机床业、动力机械产品生产也占重要地位。英国是世界主要机床生产国之一,其农耕机械的最大出口市场是西欧,市场占有率在70%以上。

南海公司是英格兰银行国债承销中最大的对手,英格兰银行正虎视眈眈盯着南海公司的国债承销权呢。

救助你,别逗了。

当天下午,英格兰银行发表声明,称自己不会救助南海公司。南海公司股价马上又回落到580镑,次日又落至570镑,随后逐渐滑向400镑。

英格兰银行认为,仅有声明是不够的:必须以其人之道,还治其人之身。英格兰银行干了一件更阴损的事情……

9月22日,英格兰银行声称自己将以市场价15%回收南海公

司发行的债券;接着,9月28日,英格兰银行声称自己已经无法按协议价格收购。

按15%收购,连英格兰银行都支付不起,南海公司还有什么希望?

逗你玩儿!

9月29日,南海公司崩溃了,股价灾难性跌破了120英镑。

其实,英格兰银行的忽悠与耶尔异曲同工,一个在呼唤市场信心,一个在击溃市场信心。现在,英格兰银行胜利了,包括政府在内的所有人都认为,南海公司破产已经是迟早的事情。

最精彩的事情终于发生了!

英国政府担心泡沫会引发经济崩溃,开始调查南海公司真实的经营状况。实际情况震惊了所有的人:南海公司对泡沫崩溃早有预见,从一开始就要求分期付款购买公司股票的人必须提供一定价值的其他证券或不动产做抵押。

1720年底,当泡沫彻底破灭时,公司总净值仍为3780万英镑,董事会成员总资产竟然高达2401万英镑!

太离谱了,这是一场彻头彻尾的骗局!

更可恨的是,理论上,南海公司这种做法并不违法,他们的资产居然是合法的。

只要有证券市场存在,就会有各种各样的故事,只是故事的主角不断变换。故事本身没有错误,那何尝不是人类的梦想?

比讲故事吸引投资更可怕的是不公平竞争,是有人利用权力谋利。《泡沫法案》出台之前,一些政府高官参与了股票交易,他们清楚即将出台的法案,因此在法案出台前卖光了股票。

南海泡沫后,英国政府严厉处理了这

【走近英国】

英国的汽车工业已有100多年的历史,目前在英国经济中占有相当重要的地位,汽车是英国主要出口商品之一。

些人。

证券市场的灵魂是"公开、公平、公正",股份制是在人类文明基础上诞生的现代经济制度,至今没有任何一种组织框架能比它显现出更强的生命力。如果失去了"公开、公平、公正",非但证券市场,连股份制公司都不可能存在。既然有内幕消息,那投资者就永远无法战胜内幕消息交易者。也正因为如此,内幕消息交易者站在一个不公平的起点与普通投资者竞争。从那个时候起,禁止内部人交易就成为证券市场惯例,因为,这会毁掉股份制的灵魂。

我能计算出天体的运行轨迹,却难以预料到人们如此疯狂。

——牛顿(非著名财富学家、伟大的牛顿先生赔了5万英镑)

第七节　英格兰银行是一张王牌

　　在一系列政治经济事件中,英格兰银行始终起着稳定财富市场的作用,虽然这些工作让它着实赔了很多钱。倒不是英格兰银行有大无畏的精神,主要是每次王室都要求它出面,并许以丰厚的报酬。

　　南海泡沫中最拉风的当属英格兰银行,这家银行成立于1694年,后来成为世界上第一家中央银行。不过,始建时期英格兰银行

远没有这样举足轻重，英格兰银行始创期间，英国正跟法国对打，而且已经打了6年，什么时候打完，大概只有上帝才知道。

　　英格兰银行刚刚成立就向王室贷款20万英镑支持军事，以期望战胜后的回报。此后的日子，英格兰银行致力于重整王室债务。

　　然而，英格兰银行并不是当时王室唯一的借款银行，东印度公司、剑刃银行等，它们都可以承担这一职能。

　　虽然它们同时支撑英国军费，但彼此之间也是有竞争的。这句话不全对，英格兰银行此时根本无法与东印度公司竞争。

　　前途是光明的，道路也是曲折的。

　　东印度公司率先出招。

　　1707年，东印度公司集中了一批货物，在大不列颠岛本土大量换取英国铸币和英格兰银行银行券，很快他们手中集中了1／3的英国铸币。

　　英格兰银行对此一无所知。

　　1707年8月的一天，东印度公司人员突然持30万英镑的银行券向英格兰银行提取铸币。英格兰银行当时就被打蒙了，挤兑由此发生。

　　英格兰银行还是幸运的，因为它有三位股东，分别是英国女王安妮、萨默赛特公爵和纽卡斯公爵。三位股东明白，这事儿，只能是东印度公司干的，都是为自己服务，总不能最后就剩东印度公司吧。三位王室成员向英格兰银行提供了自己手头上可以集中的所有铸币,同时,严令东印度公司不得提取这30万英镑铸币。

英格兰银行侥幸过关。

下一个问题,是王室贷款特许权期限。

王室贷款特许权是有期限的,每一个期限结束前,王室会重新拍卖,竞拍银行付出的代价往往是以低于市场利率的价格向王室提供大量长期贷款。

在特许权市场中,英格兰银行遇到了另一个重量级选手,剑刃银行。打一个比方,英格兰银行是现在的美国州立银行,剑刃银行就是当时的花旗集团。

剑刃银行是一家以经营贷款、公众存款、发行银行券为主要业务的土地银行,集中了当时所有最赚钱的金融业务。剑刃银行所有者约翰·布伦特后来热衷于一个财富游戏:投机南海公司股票,直至成为南海公司大股东。

1711年,剑刃银行在特许权竞争中击败了英格兰银行,

【走近英国】

　　英国是仅次于美国、俄罗斯和法国的世界第四大航空航天工业国，其产品主要有民用和军用飞机、直升机、航空发动机、制导武器、卫星、航空电子设备等，是英国重要的出口创汇产品。

很多人都认为，英格兰银行将从此沦落为二流银行，其股价也在伦敦证券市场一落千丈。

　　如果没有南海泡沫的话，英格兰银行迟早会被剑刃银行兼并，或者在历史长河中自生自灭，没有人会记得它曾经存在。

　　1720年发生南海泡沫，作为大股东，剑刃银行受到了极大影响。更不厚道的是，英格兰银行不仅收购南海公司债券，同时还收购剑刃银行银行券，然后组织人挤兑剑刃银行。在王室要求挽救剑刃银行时，英格兰银行宣称，自己已经为南海公司债券支付了400万英镑。

　　1720年9月，在南海泡沫的高潮中剑刃银行倒闭。事后，英格兰银行收购南海公司，夺回了国债承销权，确立了其在伦敦银行业的霸主地位。

　　刚才，说的是英格兰银行是伦敦银行业霸主，不是英国银行业。

英格兰银行的银行券只能在伦敦市区流通，在广袤的乡村，大家还不太清楚英格兰银行是什么。乡村有自己的草根财富体系，现在史籍称呼这些机构为"乡村银行"。

乡村银行由金银匠转换而来，很多人找金银匠做首饰，从他们手中拿到取货单。后来，人们就把金银存放在金银匠那里，金银匠开出存款证明，于是金银匠铺变为乡村银行，主要业务是为本地人汇款，替本地人向伦敦缴税。

无疑，他们需要签发汇票，虽然数额不大。

英格兰银行的目的很明确，希望自己在全国拓展营业网络，为乡村银行进城提供一个良机。

1725年，英格兰银行垄断了乡村银行票据清算。此时，全国乡村银行经营已经完全受制于英格兰银行。而后，乡村银行储备也被明令储存于英格兰银行。

18世纪下半叶，英国财富史上有很多坏事发生，比如与北美殖民地PK，比如70年代的乡村银行破产……

在一系列政治经济事件中，英格兰银行始终起着稳定财富市场的作用，虽然这些工作让它着实赔了很多钱。倒不是英格兰银行有大无畏的精神，主要是每次王室都要求它出面，并许以丰厚的报酬。

此时，有人把英格兰银行誉为"王室手中的最后一张王牌"。

第八节　财富名人榜——麦克斯韦尔

1923年6月10日，麦克斯韦尔出生于捷克斯洛伐克东部一个名称为索洛特维诺的穷村庄的一个东正教犹太家庭。

1939年，纳粹德国占领捷克斯洛伐克后，刚满16岁的麦克斯韦尔加入了当地的一个地下青年组织，其任务是偷运志愿者前往法国，组织自由捷克军团，后来他也来到了法国。

1940年，麦克斯韦尔随军来到英国。当时，在英国的捷克士兵中反犹情绪也很强烈。他很快被军团除名，只能申请加入工兵部队，这是唯一能接收他的单位。

1947年，麦克斯韦尔开创了他自己的小型贸易公司，从事进出口业务。1951年，麦克斯韦尔又收购了一家英国出版公司，取名为帕格蒙出版社。从此，麦克斯韦尔有了自己的事业。他努力工作，仅1964年一年，便出版了60种书籍，70种杂志。

1981年，麦克斯韦尔濒临倒闭的大不列颠印刷公司，推行现代化

【走近麦克斯韦尔】
　　英国政府把有嫌疑的外籍人员都编入工兵部队。麦克斯韦尔整天干体力活，碎石筑路，装卸弹药。每天只有两先令的收入，却累得骨头散架。尽管如此他还是忍辱负重，一干3年。

生产，麦克斯韦尔经营有方，很快使工厂扭亏为盈，更名为"英国印刷通讯公司"。

1984年，麦克斯韦尔买下英国镜报集团，在伦敦报纸市场的竞争中，他使《镜报》发行量从20万份上升到36万份，成为英国第二大报业集团。

1988年，麦克斯韦尔又买下了美国官方的《航空指南》。《航空指南》的买卖手续刚刚办妥3天，又以令人惊奇的高价买下麦克米伦出版公司。

1991年春，麦克斯韦尔又买了《纽约每日新闻报》，将其从困境中解脱出来，使日发行

量从30万份上升到70万份。

1991年11月5日,麦克斯韦尔死在他的豪华游艇上。

刚到英国时,麦克斯韦尔跟一个卖烟妇学英语,同时,拼命读书,平均每天一本。后来,麦克斯韦尔的部队来到剑桥施工,他爱上了当地一位寡妇。在她的调教下,麦克斯韦尔学会了社交礼节、文雅举止。更为重要的是,经她的引荐,他得到当地驻军一个名叫约斯唐的旅长的赏识。他们常在一起聊天,谈论战略战术。旅长对这个聪明小伙子很感兴趣,设法把他调到了一支英军步兵营里。在这里,他在训练中表现突出。

几个月后,麦克斯韦尔休假来到巴黎。他惊喜地发现驻巴黎英军指挥官正是约斯唐旅长。在指挥官漂亮的办公室里,他遇见了美丽的伊丽莎白·梅纳德。他们一见钟情。1944年底,他向伊丽莎白正式求婚时写道:"我将赢得十字军功勋章。我将重建家庭。我将积聚财富。我将成为英国首相。我将令你愉快,至死不渝。"仅仅6个星期之后,他果然如愿以偿。随后,蒙哥马利元帅亲手给他佩上了十字军功勋章。他以自己在战场上的卓越表现赢得了伊丽莎白的父母亲的认可。于是,他在结识伊丽莎白8个月后,当上了新郎。

第二章　日不落帝国的财富史

　　全世界将近40%的国际贸易结算是通过英镑来完成的,英镑迅速取代黄金,成为一种最为重要的国际货币。随着英镑在世界货币体系中地位的确立,英国逐渐取代荷兰,成为了国际财富领域的龙头老大,而伦敦则取代阿姆斯特丹,成为当时世界上最大的财富中心,而伦敦金融城则成为伦敦的"城中之城"。

財富小百科

只有约9％高收入的非百万富翁和约9％拥有100万美元到200万美元净资产的百万富翁相信,运气可以解释经济上的成功。在千万富翁之中,有1／5以上(22％)的人相信,运气对于解释他们在经济上的成功是非常重要的,有2／5的人觉得运气是重要的。

因此,百万富翁们大都是根据自己的定义,认为一种不同类型的运气在解释经济收益中具有某种作用。那些坚信运气作用的人觉得:"你越是努力工作,就越有运气!"

这句话是一位净资产在2500万美元以上的富翁在完成一份问卷时写下的。对他以及他的同伴来说,运气与气候、竞争、信贷紧缩、消费品收入的变化、价格暴跌等等不可控制的因素有关。

第一节　走近伦敦金融城

19世纪中期的英国工业革命大大增强了英国的经济实力,随着经济实力的攀升,英国的海外贸易也极度膨胀,尤其在海上击败荷兰舰队之后,英国海外殖民地的扩张更是达到了巅峰时期,殖民地遍布全球。像荷兰一样,随着经济实力的迅速发展壮大,英国国内的剩余资本也供不应求,一些资本家迫切要求进行海外投资。在这种背景之下,"一战"前夕,英国的海外投资额已经高达几十亿英镑,英镑对于国际贸易的重要性也变得愈发突出,全世界将近40%的国际贸易结算是通过英镑来完成的,英镑迅速取代黄金,成为一种最为重要的国际货币。随着英镑在世界货币体系中地位的确立,英国逐渐取代荷兰,成为了国际财富领域的龙头老大,而伦敦则取代阿姆斯特丹,成为当时世界上最大的财富中心,而伦敦金融城则成为伦敦的"城中之城"。

伦敦金融城面积十分狭小,大约只有2.6平方千米,但是每天在这块狭小的地盘上工作的人员之数量是十分庞大的:在这块仅有2.6平方千米的土地上,每天会有将近50万人聚集于此地办公。别小看这2.6平方千米领土,这块小领土对

【走近英国】

罗尔斯-飞罗伊斯公司是世界制造航空发动机的3大公司之一,几乎垄断了国内发动机的生产,产品遍及130多个国家和地区。英国宇航公司由国内4家公司合并而成,已成为世界第四大航空军工企业和英国最大的出口商,客户遍布70多个国家和地区。

于英国的重要性，丝毫也不亚于一块很大的殖民地。在这块土地上，聚集有许多相互关联的诸如银行、保险、航运、黄金、大宗物资等企业，各式各样的经纪人或者代理人混迹其间，构成了一个被今天的人们广为称道的财富大市场，被人们称为"城中之城"。之所以称其为"城中之城"，是因为在这块只有2.6平方千米的土地上，拥有它们自己的市政府、市长和法庭。伦敦金融城与其他一些城市不同，由于它对英国经济所做出的极大贡献和特殊的地理位置，它所享受的待遇远远超过其他任何一个城市。它所拥有的"特权"主要体现在以下两个方面。

其一，伦敦金融城尽管隶属于伦敦市，但是却有它自己的"市长"、法庭和警察，这形成了一套严格的管理体系，为它成为城中

之城创造了必要的条件。再加上聚集在这块狭小的地盘上的，基本上都是一些财富类的公司，而财富对一个国家经济实力的发展壮大所做出的贡献是其他任何行业所无法比拟的，这为它从伦敦独立出来奠定了坚实的基础。17世纪以来，这块狭小的土地一直是英国和国际财富垄断资本的心脏，可以说，英国要想进一步进行海外扩张，要想保持"日不落帝国"的称号，离不开这块狭小土地的支持。因此，为了维护和巩固王室的统治，拉拢聚集在这块狭小土地上的大地主、大贵族，当时从法国来到英国的威廉国王赋予了

这块狭小土地一种特权——可以从伦敦城市中独立出来，保留一块专有领地，并赋予居住在这块土地上的大地主、大贵族们特殊的地位和权力。威廉国王规定，只要经过王室的认可，这座伦敦金融城的"市长、市政官员"们就拥有一系列其他城市政府官员们所无法拥有的特权。尽管挂之以"市长、市政官员"的称号，但

是这只是虚职，他们并不拥有作为一个市长和市政官员所拥有的政治上的权力，他们也不是政治家，更不是公务员，但是拥有很多自主的权力。坐上"市长"这把交椅的，是一些在当地拥有了金钱、信誉和名望的大商人。正式成为市长需要经过两道程序，首先要经过当地商人的联合推举，其次要经过王室的任命。只有在经过这两道程序之后，才能真正成为"一城之主"，拥有自治的权力。

其二,除此以外,伦敦金融城还拥有一项其他任何城市永远无法享有的权力:即便英国女皇想要进城,都必须事先征得伦敦金融城市长的同意。英国皇室当初之所以规定这样一条规则来限制自己,是为了体现对伦敦金融城特殊地位的认可和尊重,尽管这种许可是一种形式,因为女皇进城而不被市长许可的概率几乎为零,但是毕竟可以从一个侧面体现出伦敦金融城在王室心中的崇高地位。

一定程度上可以说,伦敦金融城是英国经济发展的指向标,英国之所以能称霸世界,与这座伦敦金融城是分不开的。实际上,从罗马时代以来,伦敦金融城一直是英国经济活动的中心,这是英国其他任何一座大城市所无法比拟的。

第二节　名副其实的财富中心

英国是继葡萄牙、西班牙和荷兰之后的又一殖民大帝国。促进英国经济发展的原因有很多，但是最为重要的有两个，一个是工业革命，另一个是以伦敦为代表的金融业的发展。自从工业革命以后，英国在与荷兰争夺海外殖民地的战争中占据优势，迅速取代荷兰，成为当时世界上最重要的贸易国家。随着英国经济的发展，国内所积蓄的剩余资本也越来越多，荷兰资本输出国的地位也逐渐被英国所取代，随着荷兰彻底退出称霸世界的历史舞台，英国成为当时最大的殖民帝国。伦敦成为英国当时对外贸易的转口城市，作为商业及运输中心兼资本借贷的来源以及国际支付中心，伦敦在英国经济的发展中起着十分巨大的作用，到了19世纪中叶，阿姆斯特丹的世界财富中心地位便转向了伦敦。世界各国的商人均通过伦敦来进行国际清算和财富交易，伦敦成为名副其实的"财富中心"。伦敦这一世界财富中心地

电子工业是英国在第二次世界大战后发展起来的工业部门。2004年，电子工业产值353亿美元，销售额543亿美元，均居西欧第二位。电子产品贸易额达1120亿美元，其中出口473亿美元，进口647亿美元。

位的最终确立，经过了两个过程，以下通过几个过程的简要介绍来诠释伦敦发展与变迁的历史。

第一个阶段是伦敦18世纪的大商业时期。早在18世纪初期，伦敦便主导着英国的对外经济贸易。这一时期，伦敦的资本家们迫切的需要辅助性的财富服务，比如，为了促进货物的销售和传播的买卖，他们需要进行拍卖活动，因此需要一些专门从事拍卖业的专业性公司；为了防止自己的船舶和货物在运输途中遭受到不必要的损失，他们需要一些能够替他们承担风险的专业性保险公司。随着对外贸易的不断发展，这些专业性公司先后出现于伦敦这座繁华的大都市。随着这些问题的解决，随之而来的是资金问题，为了进一步扩大对外贸易，这些资本家们必须进行巨额的融资，这给伦敦的发展带来了一条新的机遇，票据贴现体系和银行随之建立起来。票据贴现体系在伦敦的建立，大大提高了票据作为一种提供信贷方式的吸引力，更为重要的是，这种票据贴现体系与阿姆斯特丹的票据贴现体系不同，它没有固定的数额限制，这为伦敦迅速取代阿姆斯特丹成为世界财富中心奠定了坚实的基础。到了18世纪，建立于1694年的英格兰银行业逐渐改变了其职能，将它的主要职能由原来的主要向政府提供贷款转变为为其持股人赢利上面来，通过这种方式，英格兰银行吸引了世界上各个国家的商人，这为它取代荷兰阿姆斯特丹成为世界财富中心创造了有利的条件。

第二个阶段是伦敦在19世纪逐渐占据了国际财富主

导地位。18世纪末期，伦敦已经拥有多家发达的财富机构，成为世界上主要的财富中心。随着英国对外贸易的高速增长，伦敦在英国的国际贸易当中所起的作用越来越大。到了19世纪，伦敦已经不再单纯的为国际商业贸易提供财富服务，将眼球逐渐放到了世界货币市场上来。伦敦不仅逐步获得了一个国际性的货币市场，吸引了世界各国的短期投资，而且发展成为一个长期资本的市场，并通过这个长期的市场为世界其他地方的工业化提供绝大部分的资金，这直接导致了伦敦成为世界财富中心。伦敦之所以能在19世纪在国际贸易当中占据主导地位，一方面是由于英国贸易和海外投资的特殊结构，另一方面也归功于它本身的财富技巧。随着海上霸权的确立以及海外殖民地的扩张，英国逐渐发展成为主要的贸易国家。伦敦剩余资本的投向也随着对外贸易的不断扩大而发生重大变化。起初，伦敦的货币市场首先供给

英国国内的对外贸易，随着英国对外贸易的不断扩大，伦敦剩余资本逐渐流向了世界上其他与英国有贸易往来的国家。最后，随着英国对外贸易的进一步扩张，伦敦剩余资本逐渐流向那些与英国贸易无关的领域。随着这种投资流向的变化，伦敦金融城市的财富服务业不断得到发展，这种财富服务业的技巧逐渐被世界

财富世界行
CAI FU SHI JIE XING

【走近英国】

英国主要电子产品有电子计算机、雷达、导航设备、通信设备、电子元件和电子消费品等。其特点是重点发展以雷达、无线电通信及工业控制为中心的投资类设备及专用电子设备，尤其是雷达设备已为许多国家民用机场和船舶所使用。

上其他国家所借鉴和吸收，这种财富城的业务技巧与经验又在世界范围内传播开来。

经历过18世纪的大商业阶段之后，伦敦逐渐在19世纪取代阿姆斯特丹，成为当时世界的财富中心。伦敦成为世界财富中心的这种发展轨迹表明，金融业对于一个国家的经济发展所起到的贡献是其他任何行业所无法比拟的，金融业的发展与国家的经济实力息息相关，两者呈正比例平行发展。

第三节　通过海上霸权攫取财富

随着英国工业革命的进一步深入和国内经济的进一步发展，英国国内工业产品的产量供过于求，企业在国内再也难以找到更大的发展空间，再加上国内原有的原料根本无法满足日益扩大的产品生产，向外寻求更大的市场并占领更多的原料产地就成为英国经济发展中的一个重要议题。寻求更大的市场和占领更多的原料产地有一条捷径：争夺海上霸权，控制海上贸易。英国就是选择了这样一条发展道路，从此以后开始了漫长的海上霸权争夺过程。为了与当时传统的大国争夺海上霸权，以便占领更多的市场和原料产地，英国在从15世纪到19世纪的3个多世纪之中，共发动了近两百多次战争。在常人眼里看来，每发动一次战争对于一个国家来说无疑是一场灾难，因为战争必须要耗费巨大的人力和物力等，这并不是每一个国家都可以承受得了的。但是英国好像是一个例外，因为经历如此多

的战争之后，它的实力并没有受到影响，反而越发强大，一定程度上可以说，英国是在与传统的诸如葡萄牙、西班牙、荷兰和法国等强国的战争中不断发展起来的。英国之所以能最终控制海上贸易，成为海上霸主，是因为它通过一系列的战争，挫败了一个又一个的海上强国。以下是英国与葡萄牙和西班牙、荷兰以及法国争夺海上霸权的简要介绍。

新航路开辟之后，在长达一个多世纪的时间里，西班牙和葡萄牙一直是海上霸主，它们在海外建立了一个庞大的殖民地，控制着每一个国家的海上贸易。为了打击葡萄牙和西班牙这两个国家的海上霸权，英国首先要解决的问题便是葡萄牙、西班牙这两个国家的殖民地问题。当时，西班牙占领了菲律宾，西班牙在非洲海岸、印度海岸和马六甲等地建立了多个殖民据点，英国便首先将目光瞄准了这几个殖民地。1588年，为了控制西班牙的海外殖民地，英国率先挑起了战争，这引起了西班牙国王的强烈愤慨，曾发誓要将英国彻底灭掉。但是在16世纪末期的西班牙早已是形同朽木，内部永无止境的浮华奢侈之风已经拖垮了它的国力，于是曾经不可一世的西班牙"无敌舰队"在与英国交战的过程中被英国舰队击垮，西班牙从此更加衰落，最终退出了强国的历史舞台。到了17世纪中期，英国又向腐朽不堪的葡萄牙挑起战争，曾经还有一定实力的西班牙无敌舰队都败在英国舰队的手中，更不用说已经毫无战斗力可言的葡萄牙舰队了。在击败葡萄牙舰队之后，英国又控制了葡萄牙的海外殖民地，葡萄牙和西班牙广阔的海外殖民地，为英国提

【走近英国】

电子工业主要分布在被称为"泰晤士硅谷"的泰晤士河上游河谷地带和被称为"苏格兰硅谷"的苏格兰埃尔—格拉斯哥—爱丁堡一带。"苏格兰硅谷"起步于20世纪70年代末期。当时，美、日等国来此大量投资，由此形成了颇具规模的电子产业基地。这里生产了英国80%的集成电路，欧洲1/3的个人电脑，半数的笔记本电脑及15%的半导体产品。

供了源源不断的原料供给,进一步促进了其国内企业的扩大再生产。

在击败传统的大国葡萄牙和西班牙之后,英国并不满足于现有的成绩,它又将目光瞄准了当时的世界霸主荷兰。为了遏制荷兰海外势力的进一步膨胀,英国政府于1651年颁布了《航海条例》。条例规定:"欧洲的货物只能由英国船只或者货源货物出产国的船只运抵英国本土;在非洲、亚洲和美洲出产的货物只能由英国或者英国殖民地的船只运送。"荷兰赖以生存的源泉就是转口贸易,通过从转口贸易中的差价来获取巨额利润。但是航海条例颁布之后,荷兰海外的转口贸易再也难以为继,于是荷兰政府以谈判为名,挑起了第一次英荷战争,但是,这场战争以英国的胜利而告终结。随后,英国与荷兰之间又爆发了两次战争,但是都以荷兰的失败而告终,就连荷兰在北美新修建的新阿姆斯特丹城都落入英国人之手,英国政府将其更名为纽约。至此,失去了海上贸易和殖民地优势的荷兰一蹶不振,逐渐走向了衰落。

击败荷兰以后,法国成为影响英国争夺海上霸权的最后一个障碍,由此,英法之间的矛盾成为18世纪国际舞台上大国海上争霸的核心。1702年—1711年,为争夺西班牙王位继承权,英国的国王率先挑起了战争,法国战败后,被迫与英国签订了《乌特勒支合约》。通过这项和约,英国取得了对直布罗陀、米诺卡、诺瓦、斯克斯亚、纽芬兰和哈德孙湾的控

CAI FU SHI JIE XING

【走近英国】

造船工业是英国具有悠久历史的生产部门之一，20世纪初，船舶产量曾占世界总产量的60%，至1955年一直执世界造船业之牛耳。

制权，并取得了在美洲殖民地进行奴隶贸易的专卖权。随后，英国又与法国展开了七年的海上贸易争夺战，史称"七年战争"。这场七年战争对英法双方的影响非常巨大，因为谁能在这场战争中获胜，谁就能控制海上的贸易，从而成为海上霸主。这场战争开始后不久，英国的军事实力，尤其是海军实力很快便体现出来。经历七年战争之后，法国海上的有生力量几乎全部被消灭，最后被迫与英国签订了《巴黎和约》。通过这项和约，英国取得了加拿大、新斯科舍、布雷顿角以及附近岛屿的控制权，此外还取得了在密西西比河上航行的权力，这为英国与印第安人的贸易往来创造了便利的条件。从此，法国基本上退出了殖民帝国的历史舞台，英国以胜利者的姿态迅速控制了海上贸易，成为继荷兰之后的又一海上霸主。

第四节　殖民帝国时代的到来

　　通过上文大家知道,英国在打败葡萄牙、西班牙、荷兰和法国之后成为海上霸主,这为进一步推进其海外殖民扩张创造了便利的条件。实际上,英国的海外殖民扩张早在打败葡萄牙等国家之前便拉开了帷幕。总体而言,英国广阔的殖民地是通过在全世界各大洲的吞并战争中得来的,其之所以成为"日不落帝国",与其一步步发动的殖民战争息息相关。

　　最先遭受英国殖民侵略的地区是北美洲。18世纪末,英国从动乱的国内政治格局当中解脱出来之后,第一件事情便是与当时的殖民大国争夺海外殖民地。英国政府首先将眼光投向了被葡萄叶、西班牙和荷兰控制的北美地区。通过与这些国家的争夺战,英国完成了在北美地区对海上霸权的控制,建立起了以北美殖民地为中心的一个庞大的殖民体系。尽管有13块殖民地通过发动独立战争从英国政府的控制中解脱出

来,成为一个新的国家,但是这些殖民地的丧失并没有摧毁英国以北美为中心的殖民体系。

继北美洲之后,亚洲也遭受到了英国的殖民侵略。1757年,英国便将其侵略的魔爪伸向了印度的孟加拉地区,控制该地区之后,英国并没有停止其继续进行殖民扩张的野心。19世纪初期,英国便向印度次大陆及其周边地区进行正式的殖民扩张。1816年,英国击败了盘踞在印度东北方向的尼泊尔的廓尔喀人,将其势力范围推进到中国边界的喜马拉雅山附近。1818年,英国在打败马拉塔人之后,印度的最后一块领土旁遮普被纳入到其势力范围。至此,英国在印度的势力范围已经扩展到了次大陆西北部的天然疆界。

在亚洲建立起殖民据点之后,英国随之将目光投向了东亚和东南亚,早在1819年,英国便从荷兰殖民者的手中取得了新加坡,随后又控制了马六甲。1842年,英国发动鸦片战争,迫使战败的中国政府签订了丧权辱国的《南京条约》。通过该条约,英国政府控制了中国香港。随后,英国政府又通过发动三次侵略缅甸的战争将缅甸纳入其版图范围。通过这些殖民扩张,英国控制了东亚和东南亚的绝大部分土地,这些地区蕴含有丰富的资源,利用控制该地区的便利条件,英国殖民者从中撷取了大量的珠宝、黄金和香料等贵重物品,刺激了国内工业革命的进一步发展。

尽管此时英国在世界范围内所建立的殖民地已经跃居世界第一,但是其并不甘心。19世纪后期,非洲也难逃一劫,英国在近东地区围绕奥斯曼帝国领土及周围地区进行不断的吞食和瓜分。1875年,英国出重金购买了苏伊士运河40%的

【走近英国】

1956年造船业被日本超过后,造船业一直不景气,在世界的地位日益下降,但船舶产量的一半以上供出口。英国造船业以制造军舰、商船及海上采油设备为主,主要分布在格拉斯哥、加的夫、利物浦、贝尔法斯特和普利茅斯。

股权,展开了侵略埃及的第一步,1882年,英国通过武力直接占领埃及,将埃及纳入其在非洲的第一个殖民据点。占领埃及后,1898年,英国又侵吞了苏丹,同年,英国殖民者又发动了吞并德兰士瓦和奥兰治的英布战争,这场历时4年的战争终于以英国的胜利而告终结。1902年,布尔人被迫承认英国对这两个国家的控制权。尽管获得了非洲很大部分领土的控制权,排斥了很多列强在非洲的势力,但是权势已达到顶点的英国殖民者并不就此停止进行殖民扩张。为了实现从非洲的南部和北部同时向非洲的腹地推进占领整个非洲的梦想,英国政府可谓耗费了心机。英国这一疯狂殖民行径遭遇到了来自法国等国家的强烈抵抗,最终,英国未能实现这一梦想而成为非洲大陆上抢占土地最多的国家,但是英国所占领的非洲土地已经仅次于法国,成为第二个在非洲占有最多土地的列强。

通过对北美洲、非洲、亚洲和东南亚以及非洲等大州的殖民侵略,英国庞大的殖民帝国初具规模。就英国本土而言,这个面积不足30万平方千米,只有四千多万人口的小国,却拥有多达三千多万平方千米的殖民地,占据了所有列强殖民地面积的60%,这不能不说是一个奇迹。由于殖民地及其广泛,因此,全球的每一个时区都可以见到英国米字旗飘扬的身影。这些象征着英国繁荣昌盛的米字旗,时时刻刻都能享受着阳光的沐浴,正因为如此,世界人民送给了英国一个称号:"日不落帝国"。

第五节　迅速衰落的殖民帝国

盛极必衰,这是世界大国经济发展的一条规律,任何国力达到巅峰状态后的国家都无法逃脱这一宿命。昔日看似强大的葡萄牙、西班牙以及后来的荷兰,历经一个多世纪的发展,终于达到了顶峰,但是这个巅峰状态维持了短短的十几年便杳无踪影,留给后人无限感慨。英国的发展规律与荷兰等国家尽管有所不同,但是在从海外殖民地掠夺大量黄金白银以及原材料来供应本国工业的发展这一点上,两者是相似的。这就给英国走向衰落埋下了隐患,如果殖民地一旦发生动乱,或者其他后起之秀重新与英国展开竞争,或者爆发国际性的动乱等,都会将这个老牌的殖民帝国推向绝境。事实上,英国经济实力的衰退正体现在这种后起之秀的竞争和国际动乱之上,这种经济实力的衰退主要体现在工业垄断地位的丧失,国际分工、世界市场和国际贸易方面垄断地位的丧失以及资本输出、国际财富和国际航运方面所面临的激烈竞争之上。这种衰退并非是一种偶然,而是一个必然的结局。大体而言,英国经济实力的衰退大致有以下几个方面的原因。

其一是在后起之秀的强劲发展势头

【走近英国】

英国是世界5大化工产品出口国之一,化学工业也是战后英国发展最快的工业部门之一。其产品在20世纪50年代是以煤和岩盐为原料的基本化工为主,60年代末转为以石油和天然气为主要原料的有机合成和石油化工产品为发展重点。

之下,英国无力再与其展开竞争。在从1870年—1913年这短短的四十几年时间之内,英国的增长速度与新兴的资本主义国家相比发生了明显的差距:在这四十几年之内,美国工业增长了8倍,德国增长了5倍,而英国只增长了一倍多,英国发展速度逐渐缓慢下来。到了1913年,英国工业发展的这种缓慢势头变得更加明显,就主要工业品产量而言,英国所生产的煤只有美国的56%,铁只占到美国同年产量的33%,棉花消费量也只有美国的70%,与美国最大的差距体现在汽车产量之上,1913年英国所产的汽车仅占美国年产量的7%。与同一时期的德国相比,英国的差距还不算太大,但是也体现出了一定的差距:英国所生产的生铁占德国同年产量的50%,钢的产量占到德国产量的42%,汽车产量占到德国同年产量的75%。这种现象表明,老牌的殖民帝国英国在工业品产量方面已经落后于美国和德国,由先前的第一位退居到第三位。就在世界工业总产值中的比重而言,1870年,美国仅占有13%,到了1913年之后,美国便达到了16%,上升了3个百分点;1870年,德国也占有13%,到了1913年,德国便达到了15%,上升了两个百分点;1870年,英国工业总产值占到了世界工业总产值的30%,居世界第一,但是到了1913年,英国工业总产值便只占到世界工业总产值的14%,低于美国和德国,退居世界第三。就诸如汽车、电力等新兴工业部门方面而言,英国的劣势更加明显,在美国和德国等新兴资本主义国家的强硬发展势头

【走近英国】

　　英国主要产品有无机化学产品以及塑料、药品、合成树脂、染料、化妆品等,产品的一半供出口。其中制药业在高新技术产业中占重要地位。

下,英国发展举步维艰。由于国内新兴工业发展落后,使得英国国内所需要的尖端产品都只能从美国和德国进口。到了19世纪后半期,由于铁路建设能够带动工商业和整个经济的繁荣,美国、德国等新兴资本主义国家都热衷于铁路建设,都将铁路建设看成是一条新的发展机遇,一个新的经济增长点,但是,由于英国是一个海岛国家,国土面积狭小,不可能依赖于铁路建设来推动本国经济的发展,这就导致了英国与美国、德国等新兴资本主义国家的差距进一步拉大。

　　其二是两次世界大战给英国国内经济的发展以致命的一击。在"一战"之前,与美国、德国等新兴的资本主义国家相比,尽管英国的经济开始出现相对衰落的迹象,但是这种迹象还并不十分明显。真正使英国和美国、德国等国家拉开差距的是两次世界大战,尤其是在第二次世界大战之后,英国彻底退出了世界霸主的历史舞台。表面上看来,英国是第一次世界大战的胜利国,但是这种胜利是以巨大的付出为代价的。据史料记载,英国在一战中所投入的兵力达950万人次,在战争中伤亡的英军达到80万人,军费开支近100亿英镑,国民财富损失了近1/3。由于开支巨大造成了财政赤字剧增,为了填补亏空,政府便只好依靠不兑换货币制,宣布废止金本位制度,发行大量的纸币英镑,企图借助这种措施来帮助政府渡过危机。但是这种措施带来了一个巨大的后果:英镑贬值。这使得英国刚从一战的灾难当中解脱出来,便陷入了另一场危机,使原本经济发展受挫的英国经济雪上加霜。还未渡过这场大危机的萧条,英国又陷入了第二次世界大战的泥潭,这场世界大战给英国的经济带来了致命的一击。英国参战后,仅仅只有16个月的光景便耗尽了所有可以动用的资产,50%以上的商船也在这场战争中被摧毁。在第二次世界大战期间,英国的出口贸易几乎停止,原来一些传统的出口市场和投资场所也被美国所占领,只能依靠向美国借债来度过危机。到了1940年,英国海外所有的黄金储备几乎全部用来偿还美国的贷款,至此,英国实际上已经从经济上破产了。因此,第二次世界大战也正式宣告了英国殖民帝国走向衰败,由英国来主导世界格局的历史已经一去不复返,由美国主导世界历史格局的时代已经来临。

第六节 财富名人榜——马科斯·塞缪尔

1853年,马科斯·塞缪尔生于英国,他在布鲁塞尔和巴黎念过几年书。在他16岁的时候就帮助父亲管理账目。

1870年,老塞缪尔去世,马科斯·塞缪尔和森姆·塞缪尔兄弟二人继承了父亲的事业。

1892年,马科斯·塞缪尔订购的第一艘新型油船"穆雷克斯号"拉响了起航的长笛,满载着俄国的石油,胜利地通过了苏伊士运河,乘风破浪地前往新加坡、曼谷。接着,"穆雷克斯号"的姐妹船"康裔号"、"克克姆号"等许多都以贝壳取名的新油船,也都一一顺利通过了运河。强大的油船队伍源源不断地把俄国巴库油田的石油运往远东自己的储油池,然后再拖往世界各个角落。

1897年,马科斯·塞缪尔联合了一些拥有油船的中小石油企业,组成了"壳牌运输与贸易公司",他自己拥有1/3的股份。

1901年,壳牌公司与美国海湾石油公司签订了一份合同,规定壳牌公司以固定的价格,每年购买海湾公司10万吨石油,时间长达21年。紧接着马科斯·塞缪尔又不失时机地实现了与德国德意志银行的合作,壳牌公司在德国建立了一家销售石油的子公司。

1907年4月,一个新的石油巨人——英荷壳牌石油公司诞生了。公司的总部分别设在英国与荷兰,主要股东是塞缪尔家族及其他英国人,其次是荷兰人和美国人。

1921年,马科斯·塞缪尔在壳牌石油公司退休,他的儿子比尔斯接替了他的位置。

现在,在当今的世界石油巨人中,英荷皇家壳牌集团和美国的埃克森石油公司,堪称是分别主宰东西半球石油工业的"石油帝国"。

1902年9月29日,伦敦高级市政官马科斯·塞缪尔被推选为伦敦市长。无疑这一天是马科斯·塞缪尔一生中最盛大的日子,他是英国石油大亨中第一个被皇室封爵的人,也是英国历史上第三位当上首都市长的犹太人。在那一天,一列马车队载着马科斯·塞缪尔和他一家以及许多高官显贵、社会名流穿过闹市,车队经过的路线包括伦敦犹太人的聚居地被索肯选举区,他就出生在那里。当晚宴会的显赫浮华也是无与伦比的,许多知名人士出席。

从这以后,马科斯·塞缪尔就一直忙于礼节性的活动,他不断地举行招待会,不断地发表演说。几乎过了一个月才把注意力转回到石油生意上来。即便到了这个时候他还是继续纠缠在伦敦市长的事务之中,参加礼节性活动,进行公务旅行,访问知名人士等。市长的职责之一是在市长官邸亲自接见将被认为是精神错乱的人,有人认为他接见精神病患者的时间远远多于他会见石油界人士花费的时间。但是马科斯·塞缪尔很欣赏市长的地位和社会活动。不过紧张的工作也使他付出了代价,就在荣任伦敦市长的当年,健康状况恶化,经常头痛,不说别的,单是牙齿就必须全部拔掉。

第三章　英镑为王时代的到来

　　世界在英国人的掌握之中。英国人用英镑购买了大量海外资产，比如阿根廷的铁路、美国的农场、印度的黄麻加工厂和非洲的椰子园。经济学家杰文斯曾扬扬得意道："北美和俄国的平原是我们的玉米地；芝加哥和敖德萨是我们的粮仓；加拿大和波罗的海是我们的林场；澳大利亚、西亚是我们的牧羊地；阿根廷和北美的西部草原有我们的牛群；秘鲁运来它的白银，南非和澳大利亚的黄金流到伦敦；印度人和中国人为我们种植茶叶，而我们的咖啡、甘蔗和香料种植园遍及印度群岛；西班牙和法国就是我们的葡萄园，地中海是我们的果园。我们扬扬得意，充满信心，极为愉快地注视着帝国的威风！"

如果将为自己打工的千万富翁的看法与那些高收入的律师和医生的看法相比较,那会是很有价值的。在这些职业类型中,大多数自由职业者对用运气来解释他们的成功表示怀疑。他们相信,这只有部分能够被证明。他们在学校里学习刻苦,获得了高等级证明,并进入法学院或医学院。尔后,他们努力工作,选择正确的专业,明智地投资,这样他们才成为富翁。

摆脱不切实际的梦想,抛弃创富要靠运气的错误认识吧。

"天上掉馅饼",这样的想法谁都知道是多么不切实际,但生活中偏偏就有一些人终日沉迷于幻想之中,整天做着春秋大梦,认为成功就像馅饼一样有一天也会从天而降落在自己的头上。这样的人不会成功,永远不会。因为这样的人根本不懂得:成功的关键在于行动。

第一节 "神圣同盟"与财富积累

18世纪—19世纪的战争堪称小矮人之战。19世纪初,工人收入只有16世纪的1／2,农民收入只有18世纪的2／3,普通人的生活条件不升反降。这还影响到了军队的素质,当时的士兵普遍骨瘦如柴,发育不良。

1792—1799年,在意大利,西北部地中海沿岸的利古里亚地区招募的新兵,身高不足1.5米的人高达72%。在法国,步兵在1789年以前,身高最低标准是165厘米,到了1818年则降低到157厘米,1832年又降到了156厘米,即便如此之低的标准,应征者都有一半以上的人因身高不够和体质孱弱而被淘汰。在德国普鲁士,士兵身高最低标准是157厘米。而普鲁士应征者中32%的人还因身高不够而被淘汰,还有40%的人因体质孱弱而被刷掉。在德国萨克森,士兵身高标准竟然更低,只有155厘米。

然而,这些小矮人却双手沾满了革命者的鲜血,成为野蛮、落后与保守势力的守护者。在小矮人的背后,则是那些掌控金钱的财富家。

1816年,法国战败后,欧洲反法联盟与法国签订了条件苛刻的第二次《巴黎条约》。该条约要求法国支付7亿法郎的赔

【走近英国】

英国是世界第四大药品出口国。最大的化学垄断集团是帝国化学公司。主要化工中心有米德兰地区,以及北海沿岸和默齐河口的化工中心,伯明翰是化肥生产中心。

款,从1816年3月开始,分5年还清。此外,驻扎在法国的15万占领军的所有开支都由法国承担。法国政府发行巨额国债来支付赔款和军费。其中4亿债券由巴林家族代理发行,罗斯柴尔德家族仅得到几百万法郎的代理。

巴林家族原本是德国格罗宁根人。1717年,巴林移居英国埃克塞特,并于1723年娶当地富商之女为妻,开始了巴林家族的飞黄腾达之路。1762年,弗朗西斯·巴林在伦敦创建了约翰和弗朗西斯·巴林公司,开始涉足金融业。

1799—1815年,巴林家族在16年中有12年担任英国国债的主承销商,是唯一可以与罗斯柴尔德家族相匹敌的竞争对手。1803年,巴林银行提供资金帮助美国从法国手中购买路易斯安那州。美国以国家债券方式付款给巴林,而法国则以交易价格的87.5%的折让,即883万美元卖给巴林家族。换句话说,法国先将土地直接卖给巴林家族,再由巴林家族卖给美国,而巴林家族可以在其中赚取高额利差。

拿破仑战争后,巴林家族的地位一时间如日中天。英、法、奥、普、俄政府都认为巴林银行的财富担保是法国与其他国家之间和平条约签订的前提。曾战胜拿破仑的威灵顿公爵这样评价巴林家族:"巴林在某种程度上掌控着世界货币市场,他牢牢掌握了法国的财政,让法国人的贷款在英国流行。他自己也感受到了这种力量,要成功地战胜他并不是件容易的任务。"

【走近英国】

纺织工业是英国的传统工业部门,主要产品有棉纺、毛纺和化纤纺织等。英国毛纺织业是世界上规模最大的毛纺织工业部门之一,主要产品有毛线和毛纺织品,产品质量上乘,在国际市场上有一定竞争力。

在巴林家族的帮助下,英法两国顺利发行国债,筹集到足够的资金,保持了战后的社会稳定。可是,罗氏家族却因竞争关系将巴林家族痛斥为"流氓"、"强盗"和"无赖"。围棋俗语有云,"东盘不亮西盘亮。"在拿破仑战争之后,与巴林家族在英法两国的竞争以失败而告终,罗斯柴尔德家族只能在其他国家打开突破口,找到平衡。

滑铁卢战役结束后的第三个月,即1815年9月26日,在奥地利哈布斯堡家族和普鲁士君主威廉三世的支持下,由俄国沙皇亚历山大一世牵头,俄、奥、普在巴黎签署《神圣同盟宣言》,结成"神圣同盟"。《宣言》标榜以基督教教义为唯一的行动准则:"根据《圣经》训示,一切人要彼此以兄弟之情相待的教导,三位缔约君主将一致以一种真诚的不可分的手足之情互相联系,并彼此视同为一国同胞,无论何时何地,均将互相救援……他们将根据同样的友爱精神引导臣民和军队保卫宗教、和平和正义。"

1815年11月19日,法国复辟君主路易十八加入同盟。后来,英王乔治四世

以德国汉诺威国王的身份加入同盟。最终,除了奥斯曼苏丹及教皇外,欧洲各大小公国君主都纷纷入伙。1815年11月,英、俄、奥、普四国缔结了《四国同盟条约》。《条约》宣称,同盟国的任何一方如受到法国攻击,各同盟国将出兵相助。该同盟亦属于神圣同盟的一部分。

恩格斯曾评价神圣同盟是"所有欧洲的君主在俄国沙皇领导下反对本国人民的一个阴谋"。以俄、奥、普为核心的神圣同盟旨在维护欧洲君主专制,镇压一切革命运动,充当反革命的刽子手。尤其重要的是,防止再次出现法国大革命那样引起巨大震荡的革命浪潮的冲击。

奥地利外交大臣梅特涅的秘书弗里德里希·冯·根茨在1830年说,"那些希望开战的人无疑会找别的银行家。"要防止革命,就需要军事镇压,要军事干涉,就需要巨额军费,归根结底,需要的是一个钱袋子,而钱袋子只能由财富家提供。不甘失败的罗斯柴尔德家族将目光从英法移到了神圣同盟的身上。

由于连续十几年的战争,1815年,普鲁士政府负债高达3200多万英镑。战争结束后,由于年年财政赤字,政府负债每年都要增长340多万英镑。普鲁士政府只好依靠伦敦的货币市场来发行更多的国债。在英国融资,唯一可靠的财富家族只能是来自德国的罗斯柴尔德家族。

【走近英国】

伊林沃·莫里斯是世界最大的毛纺织公司,毛纺织工业中心是利兹,曼彻斯特是棉织中心。英国化学纤维业发展较早,但目前处于停滞状态,其生产由帝国化学公司和柯图尔兹等几大公司垄断。

罗斯柴尔德家族向普鲁士政府提出了极为苛刻的要求。经过内森与普鲁士财政大臣克里斯蒂安·罗特尔的磋商,普鲁士于1819年1月17日通过了《国债未来管理法令》,该法令为国债总额设定了一个上限,并要求征用皇家资产的收入来保证国债债权人的安全。当新的国债发行时,必须以皇家资产为抵押，国债债权人具有完全支配这些资产的权力。

　　尤其值得一提的是，《法令》规定：如果国家在将来为了保持正常运转或为了公共利益的改善而需要获得新的贷款，必须与将来的帝国议会协商后并由其提供担保才能发行新的国债。这意味着罗斯柴尔德家族改变了普鲁士的政权性质。

第二节　罗斯柴尔德家族的财富王国

在欧洲,普鲁士、俄国是两大君主专制的国家。普、俄国王总揽行政、财政、司法、军事大权,拥有庞大的官僚机构,而官僚则由君主的亲信担任。在这种制度中,君主拥有无限的权力,可以为所欲为。

1772年,腓特烈二世创办了普鲁士皇家海外贸易公司,目的是促进海外贸易和运输。公司有7／8的资本由国王本人所有。公司还

被授予进口蜡和盐的贸易垄断权等许多重要的国家特权。1790年,该公司逐渐演变成一家经营外汇信贷和代理国家贷款的银行。1804年—1809年,公司被重组成普鲁士皇家银行,正式成为普鲁士皇家清算及贷款银行。它给予政府巨额贷款,实际上起到了政府的银行老板和财富经纪人的作用。因此,当普鲁士君主想要发行国债时,只要直接通过普鲁士皇家银行这样名义上独立的机构就可以进行,

而无须经过议会的批准。

现在，罗斯柴尔德家族却强行用议会来限制普鲁士君主发行国债的权力，这让普鲁士政权具有部分君主立宪制的性质。在君主立宪制中，是君主和议会分掌政权——君主虽然依然是国家的最高领导人，但他们的权利和义务或多或少受到法律的限制，而立法权却掌握在议会手中，这样君主的权力就受到了议会的限制。

权力就是影响力。我们平时所说的权力往往都是指政治权力。其实，很多时候，其他形式的权力也能凌驾于政治权力之上。国债使国家政治权力与财富家财富之间的关系变成了商业性的买卖关系。罗斯柴尔德通过财富的力量一样可以将一国之最高政治权力玩弄于股掌之中。伦敦的内森在给家人的一封信中，这样写道："任何阴谋都无法撼动内森·罗斯柴尔德，他拥有金钱、力量和权势，任何阴谋都只会是徒劳，普鲁士国王、我的哈登贝格王子以及罗特尔人臣应该感到非常高兴，并感谢罗斯柴尔德，他给你们送去了如此多的钱，并提升了普鲁士的信誉。"信中提到的哈登贝格亲王时任普鲁士首相，而罗特尔则不仅是普鲁士财政大臣，还是普鲁士皇家银行行长。

在德意志诸邦国中，具有领导权的除了普鲁士外，就是奥地利。当时的奥地利财政大臣施塔迪伯爵准备降低纸币发行量和国债。只有法国的战争赔偿才可以帮助奥地利达到这些目标。但法国无法一下拿出天文数字的钱，只能通过分期付

【走近英国】

　　英国农业产值在国内生产总值中仅占1%，从业人数53.3万，占总就业人数的2%，是欧盟国家中最低的。农产品可满足国内需求的2/3，有些农产品还出口到其他国家。农业生产以小规模经营为主。

款的方式用数年的时间完成赔款支付。为了尽快得到大笔的钱，施塔迪决定用法国赔款的债券换取现金。这种生意只能由资产十分雄厚的银行来做，罗斯柴尔德家族是担当大任的最佳选择。最后交易达成，奥地利也开始依赖于罗斯柴尔德家族的财富服务了。

　　继奥地利之后，俄罗斯很快也拜倒在罗斯柴尔德家族的钱袋之下。1803年—1815年，俄国公共开支提高了4倍，卢布发行过多，引起严重的通货膨胀与货币贬值。1822年，罗氏家族按照普鲁士发行国债的方式，用英镑发行了俄国国债。至此，罗氏家族成为神圣同盟最有力的财富资助者，也成为镇压革命者的刽子手之同盟者。

　　尽管法国大革命被镇压下去了，但革命的火种在欧洲大陆仍然保存着。1812年，西班牙颁布了自始至终贯穿着法国大革命精神的第一部宪法。这部宪法规定在西班牙实行三权分立的君主立宪制度，还废除了宗教裁判所、领主裁判所、什一税等封建权力。拿破仑垮台后，西班牙国王斐迪南七世在神圣同盟的支持下完全恢复了旧的封建制度。

　　1820年2月，出身没落贵族家庭的黎亚哥中校在加迪斯率领士兵起义，起义军宣布成立革命政权，恢复1812年宪法。3月7日，首都马德里爆发革命，迫使斐迪南七世宣布恢复1812年宪法并召开新议会。1822年8月5日，新议会选出了代表社会中下层利益的新政府。新政府软禁了斐迪南七世。

　　神圣同盟对西班牙的革命深感不安，决定武装镇压。1823年4月，法国20万大军开进西班牙，残酷地镇压了起义者。5月19日，法军占领了西班牙，重新恢复了斐迪南七世

98

的封建统治。黎亚哥等人被判死刑。

与西班牙相似，拿破仑时代结束后，意大利仍然处于分裂状态，大多数地区被外国势力控制。境内的各个封建邦国和领地，秉承奥地利的旨意，对于任何要求民主自由和民族解放的言行，都给以残酷的镇压。哪里有压迫，哪里就有反抗。19世纪初，理念来自于法国大革命的意大利烧炭党成立。烧炭党以意大利共济会的名义宣称为意大利的独立、自由和统一而战斗。刚开始，其成员的身份主要属于中产阶级以及知识分子。后来，许多不满现状的农民、文官，甚至是士兵、神职人员都逐渐加入这个秘密组织。烧炭党成员分散在意大利各邦国，包括教皇国、萨丁尼亚王国、伦巴底、两西西里王国等地区。

1820年7月，在西班牙革命的影响下，烧炭党人首先在那不勒斯的诺拉城发动了军队起义。不久，起义的烈火蔓延到整个那不勒斯，严重动摇了奥地利在意大利的统治。

1820年10月,神圣同盟在西里西亚的特劳波举行会议,并发布了《特劳波协议书》,声称神圣同盟将以武力镇压任何一个欧洲国家发生的革命。1821年1月,会议又移到意大利附近的莱巴赫举行,并决定出兵镇压意大利革命。1821年3月,奥地利军队开进那不勒斯,将革命镇压下去,恢复了君主统治,捕杀了大批起义者。

在那不勒斯革命爆发的同时,烧炭党还在意大利北方的皮埃蒙特发动了起义,但在奥地利军队与撒丁王国军队的镇压下,起义最终还是失败了。

资本来到世间,从头到脚,每个毛孔都滴着血和肮脏的东西。资本的唯一目的就是榨取利润,从来就无所谓道德与良心。而罗斯柴尔德家族这样资本人格化的样板更是典例。

当法国军队侵入西班牙时,罗氏家族提供了资助;当奥地利侵入意大利时,又是罗斯柴尔德家族提供了资助。罗氏家族在这些军事镇压中就像小李飞刀一样,例无虚发。对西班牙、那不勒斯、葡萄牙、希腊、波兰等地人民起义的军事镇压所需的资金,罗斯柴尔德家族在准确的时间、准确的地点以准确的数额提供给神圣同盟的刽子手们。

对于罗斯柴尔德家族来说,一次革命影响的主要是国家债券。但是,革命可能间接地导致大国之间爆发战争,一场战争可能导致所有政府证券的价格暴跌。如果伦敦、法兰克福、维也纳、那不勒斯和巴黎没有同时发生危机,罗斯柴尔德家族尚能挺住。可是,一旦发生一场全欧洲的战争,罗斯柴尔德家族就无法分散风险,整个家族将会衰败。这便是罗斯柴尔德资助神圣同盟来镇压革命的原因。

经济决定政治,政治反过来影响经济。通过对神圣同盟的支持,罗斯柴尔德家族赢得了各国的政治扶持,赚取了高额的利润,经营规模得到了急剧的扩张。最终,罗斯柴尔德家族将巴林家族远远甩在后面。1815年—1859年间,罗斯柴尔德家族的伦敦分行一共发行了50笔贷款,面值总额约为2.5亿英镑,占到了19世纪50年代英国海外资产的10%。而巴林兄弟同期只发行了14笔,面值总额仅为6600万英镑。1825年,罗斯柴尔德家族的资金总额甚至超过了法兰西银行,是巴林家族的9倍。

第三节　犹太人的财富之源

　　金钱本身并无善恶之分,财富家对利润的贪欲有时候也会带来善的结果。为了保持经济的稳定,罗斯柴尔德家族通过财富的力量竭力维持欧洲的和平。梅耶遗孀——居特林·罗斯柴尔德一直都居住在法兰克福犹太人街。经常有邻居问她欧洲是否会打仗,她也信誓旦旦地保证:"不会有战争的,因为我的儿子们不会提供金钱。"这并不是居特林妄自尊大的吹嘘。在当时,这的确符合事实。

　　曾有一位政治家将罗斯柴尔德家族的财富统治与拿破仑相提并论,"拿破仑悄无声息地出生在阿雅克肖,却震撼了地球上所有的国王……一只小小欧椋鸟的利爪却引起了一场巨大的雪崩,顷刻间吞没了一个村庄;而罗斯柴尔德,尽管他的父亲是卖绸缎的,但今天的欧洲如果没有他,任何国家都无力发动战争"。群众的眼睛更是雪亮的,当时就有人这样评论罗氏家族:"犹太人投机和平,这种现象仍在上升,这也解释了和平在欧洲持续了15年的原因。"

　　每当欧洲国家之间的战争一触即发之时,罗氏家族都会竭尽全力地利用其掌控的财富杠杆和独特的通信手段来消

【走近英国】

　　英国乳牛业占其畜牧业产值的1/3左右,肉牛业约占1/4。在英国历史上,养羊业曾占十分重要的地位,现有所下降。2004年,绵羊总数3550万只,居欧洲第一、世界第五。养禽业、养猪业发展迅速,皆实行机械化饲养。

解各国之间的紧张状态,维系脆弱的和平。罗氏家族的财富杠杆是拒绝向那些策划战争的政府提供贷款。如果一个政权准备开战,向他们寻求贷款,他们就能予以拒绝;相反,他们能够向一个有和平倾向的政权提供财政支持。

在19世纪30年代中期之前,铁路、电报和蒸汽船尚未发明或普及,罗氏家族独特的通信系统比官方用以传递外交信件的信使系统要快,罗斯柴尔德兄弟能够获得比正规渠道知悉的外交政策更多的信息。罗氏家族独特的通信网络成为各国政府之间沟通的重要外交渠道,可以为政治家和外交官提供非常出色的服务。他们不仅能为那些人提供私人银行服务,也能够比正常的邮递途径更快地投送信件。他们的办事员充当信使,每个月在那不勒斯与巴黎之间来回一到两次,递送法国、英国和西班牙驻那不勒斯、罗马和佛罗伦萨等地各位大臣的信件。除了这些日常信件外,他们还负责传递那不勒斯王室与罗马以及与驻都灵、巴黎、伦敦、马德里和里斯本等地公使馆之间的通信,同时也负责传递重要的个人信件。

【走近英国】

英国种植业以种植粮食（小麦和大麦）和园艺作物（蔬菜、水果、花卉）为主。2004年，英国粮食产量2233.8万吨，其中小麦1570.6万吨，占粮食产量的70%。此外，还有燕麦、大麦等粮食作物。

英国女王维多利亚和她的丈夫阿尔贝特王子定期利用罗斯柴尔德的信使来处理他们与欧洲大陆之间的通信。不久，维多利亚开始利用罗氏家族的通信网络，甚至还托付罗氏家族预订旅馆。所有这些意味着罗氏家族在整个欧洲信息网的地位是：能够给欧洲上层社会提供独家的新闻服务，重要的政治事件以及机密信息可能赶在官方渠道之前，从一个城市传递到另一个城市。

1831年，法国再次爆发革命，历史上称之为"七月革命"。革命人士迫使国王退位，并在法国新国王路易·菲利普的鼓励下开始了七月王朝（又称奥尔良王朝）的统治。在七月革命的影响下，意大利发生了遍布全国的大规模革命起义，革命得到了法国政府的支持。当时的教皇向奥地利求助来镇压造反者。而1821年即开始担任奥地利首相的梅特涅希望能用武力防止七月革命扩散到意大利和比利时。双方一拍即合。

1831年春天，奥地利军队开始进军意大利半岛。奥地利军队侵入意大利，镇压了革命运动并捕获了革命领袖，还占领了摩德纳、帕尔玛和博洛尼亚。此前，博洛尼亚发生起义，推翻了教皇的统治，奥地利军队则重建了教皇的秩序。同时，罗斯柴尔德家族就与意大利当地财富家合作，安排了一笔40万英镑的贷款提供给教皇。有趣的是，一直以来，天主教都将犹太人看成势不两立的死敌。时人评曰："一个贫穷的基督徒吻了教皇的双脚；一个富有的犹太人亲了他的手。"

奥地利的入侵引起法国政府的严重不满，欧洲政局处在动荡的边缘，法德战争一触即发。法国与英国的国债市场价格一落千丈。为了避免战争的爆发，罗斯柴尔德家族介入并调停，在巴黎的詹姆斯亲自参与起草了法国提交给奥地利的一份声明,呼吁奥军撤出意大利。为了限制奥地利的入侵,罗斯柴尔德通过抛售奥地利债券的方式让奥国国债价格面临急剧下滑的危险。最终,梅特涅迫于压力作出妥协,奥军逐渐撤出意大利,只留下小股部队驻守在安科纳和博洛尼亚。

> **【走近英国】**
>
> 　　园艺作物虽仅占耕地面积的4.1%,但其净产值占种植业的1/3以上,蔬菜产值约占40%。种植业主要分布在气候条件较好的英格兰东部,这里既是全国重要的耕作区,又是肉用牲畜的分布区,同时还是主要农产品消费区。英国西北部主要是以饲养乳牛和羊为主的牧区。英国是欧盟最大捕鱼国之一。

　　与此同时,罗斯柴尔德还逼迫法国政府对奥地利的入侵保持温和的态度,甚至公开威胁道:"如果罗斯柴尔德家族坐在法国王座之上,那么世界就不会经受法国与德国之间那么多的战争折磨。"而法国却比奥地利更依赖罗斯柴尔德家族,只好乖乖就范。结果,一场眼看要爆发的战争就这样被扼杀于萌芽状态。

　　一波虽平,一波又起。拿破仑战争结束后的1815年,荷兰同比利时联合组成尼德兰王国,荷兰奥兰治王室的威廉一世为国王。

从经济上看,这是有利的,比利时工业可以补充荷兰经济的不足。但从政治上看,威廉一世是专制主义者,荷兰奉行的是中央集权制,比利时人则厌恶荷兰的专制统治,同时信仰天主教的比利时人也极为厌恶信仰新教的荷兰人。在法国七月革命后的一个月,即1830年8月,布鲁塞尔民众发动了反对荷兰统治者的起义。随后,罗斯柴尔德家族便提供了100多万法郎给荷兰以帮助它抵挡革命风暴。

威廉一世派长子奥兰治亲王到布鲁塞尔与起义者谈判,但遭失败,遂派次子弗里德里希亲王率领军队镇压起义者。当荷兰在1831年8月侵入比利时的时候,罗斯柴尔德家族立刻向布鲁塞尔革命政府出售了枪支。

经过激烈巷战,荷兰军队最终败退。很快,起义扩展到全国,荷兰军队被追撤离比利时。1830年9月25日,比利时组建临时政府,11月18日,国民大会的200名代表在布鲁塞尔集会,宣布比利时独立。在此期间,1831年2月—3月,国民会议颁布比利时宪法,规定比利时为世袭的君主立宪制国家,选举了德国萨克森–科堡的利奥波德亲王为国王。

1831年7月21日,利奥波德亲王在布鲁塞尔宣誓就任利奥波德一世。随后,荷兰军队入侵比利时,利奥波德请求法国保护,法国军队开进比利时。欧洲全面战争随时可能爆发。此时,罗氏家族的通信网络发挥了外交沟通渠道的作用。各国国王、大臣和外交官通过这个网络相互交换观点和想法。而罗氏家族也通过这个网络将自己的观点传递到政治人物那里。

罗氏家族在巴黎的詹姆斯迫使法国保持克制，并要求比利时人不得考虑推翻奥兰治家族，如果他们一意孤行，就得不到罗氏家族的支持。同时，罗氏家族在法兰克福的萨洛蒙则要求奥地利支持法国政府，杜绝攻击法国的念头。在罗氏家族的强大压力下，俄罗斯和奥地利均表明自己的军队愿停留在国界线另一边，不会攻击法国。最终，各国都采取了克制态度。俄罗斯、奥地利、普鲁士均不支持荷兰的举动，英国支持法国派遣远征军前往比利时的决定，但同时要求，一旦打败荷兰，法国就必须撤军。到1831年10月，经过罗氏家族的巧妙斡旋，荷兰军队撤出比利时，接受了失去比利时的事实，全面战争的危险被消除。罗氏家族向荷兰提供一笔利率为6％的贷款以示鼓励和补偿。

尽管罗氏家族可以影响欧洲的战争与和平，但他们并未像很多持阴谋论观点的人所说的那样具有决定性的作用。在英国和普鲁士，罗斯柴尔德的影响力极为有限；在俄罗斯，其影响力几乎不存在。比如19世纪30年代，如果普鲁士、俄国和法国真的下定决心要为荷兰与比利时而发动战争，那么罗氏家族也根本无力阻止。而真正具有决定权的是英国。

拿破仑战争之后，神圣同盟的建立不仅是为了捍卫一种社会秩序，还是为了维持欧洲国家之间的平衡。按理说，1815年，法国被彻底击败后，欧洲各国完全可以将法兰西雄鸡肢解，将法国变成无足轻重的弱国。但对英国人来说，只有保持欧洲各国之间的分裂，维持欧洲大陆强国之间的力量均衡，才能将英国的商业和帝国利益扩展到欧洲以外的

【走近英国】

英国交通基础设施齐全，公路、铁路、水路、航空均很发达。20世纪70年代以来，由于现代科学技术在交通运输中的广泛应用，以及高速公路网的建设等因素，使英国的交通运输业日趋发达。

其他地方。因此,当拿破仑站起来要打破这种均势时,英国便会成为法国的对立面。当法国被打败,俄国人异军突起时,就必须要加强法国的力量,维护法国的大国地位。同时,还要让普鲁士和奥地利来制衡法、俄。因此,尽管英国人对神圣同盟不屑一顾,但仍然要保持以神圣同盟为核心的欧洲政治体系的稳定性。

如果欧洲发生大规模的战争,将会打破这种可以让英国人获得巨大利益的政治均衡体系。只有保持和平,英国人才能不断扩张自己的政治与经济的版图,攫取巨大的经济利益。而英国人的力量则在于无可匹敌的海上军事力量与强大的财富霸权。这种财富霸权的来源则是英国工业革命与独领风骚的英镑霸权。至于罗氏家族,不过是英镑霸权的获益者。

第四节　印度人血泪缔造的英国财富

　　英国工业革命开始于18世纪60年代，完成于19世纪40年代。在工业革命中，最为重要的是当时的朝阳产业——棉纺织业，相当于现在的环保、新能源产业。而任何新兴产业都有标志性的工具与设备，棉纺织业则是纺织机。其实，早在1760年之前，最为重要的飞梭和水力纺织机就已经出现，分别发明于1733年和1738年，可工业革命并未在那时发生。

　　为什么工业革命发生于1760年左右呢？我们不妨先将目光从18世纪转移到17世纪，从英伦三岛转移到万里之外的印度。

　　由于葡萄牙人和荷兰人对香料的垄断，1599年秋伦敦的胡椒价格突然从每磅3先令上涨到8先令。在伦敦市市长的鼓动下，伦敦贵族与商人募集了3万英镑准备成立贸易公司。但在向英女王申请许可状时，女王并未给予答复。1600年12月1日，西班牙、荷兰拒绝了英国人降低胡椒价格的要求，伊丽莎白女王特许成立英国东印度公司。英国东印度公司全称为"对东印度群岛贸易的英国商人联合公司"，在历史学家的口中又被昵称为"约翰公司"，以与荷兰、丹麦、法国和瑞

典东印度公司相区别。

东印度公司拥有非洲好望角以东地区的贸易独占权,还拥有在所辖区域内制定法律、受理行政和建立贸易据点的特权。如果英国公民在公司辖区之内私自从事贸易活动,其货物一律充公,其中一半归于英国国库。70年代后,英王查理二世又授予东印度公司自主占领地盘、铸造钱币、管理要塞和军队、结盟和宣战、签订和平条约和在被占据地区对民事和刑事诉讼进行审判的权力。简而言之,东印度公司在海外具有一个国家的政府行政权力。

俗话说,三岁看老。东印度公司从它的第一笔生意开始,自始至终都没有摆脱一个掠夺者的角色。1601年7月,东印度公司的第一笔买卖就是——抢劫了一艘葡萄牙商船。

1613年,英国在印度西部的苏特拉设立贸易站,不久,又在印度东南部的马德拉斯建立商馆。此时的印度处于莫卧儿王朝的统治之下,首都在德里。17—18世纪时,莫卧儿王朝已由盛转衰,各地诸侯日渐独立,不听中央的号令。1739年,阿富汗血洗德里,获得的战利品价值高达7亿卢比,包括皇冠上的珠宝和孔雀宝座。17世纪的欧洲旅行家估计孔雀宝座的价值大约为450万英镑。而当时英国国库的资产也不过以百万英镑计。1761年,阿富汗人让印度军队全军覆没,莫卧儿王朝听任宰割,成为国内外各方势力的傀儡。

团结就是力量,分裂则为人所鱼肉。东印度公司通过武力、权谋与贿赂从各地诸侯手中获得了各种特权。但英国人仍虚有其表地走一下形式,各种权利均通过德里皇帝的钦准。英国人的精明正显示于此。他们表面上尊重莫卧儿王朝的皇帝，实际上"挟天子以令诸侯"，强调东印度公司的正统性。

【走近英国】

英国是世界上最早修筑铁路的国家，1825年修建了世界上第一条铁路。至第二次世界大战期间，铁路运输一直在英国占绝对优势。战后，随着公路运输的迅速发展，铁路运输在英国交通运输中的地位日益下降。1982年，铁路在货物周转量中的比重为9.7%，1985年降至9.0%，1996年进一步降到4.8%。现在英国铁路总长约3.4万公里，其中电气化铁路约占30%。目前，英国城市间的铁路客运已进入世界上速度最快、班次最多的交通系统行列。

当然，对于东印度公司来说，英国政府是背后的大老板。1698年，英国国会通过法案，任何以8%的年利率购买200万英镑英格兰银行公债的人都可以其认购的额度为限参与对印度的贸易。为了保护贸易垄断权，东印度公司只好购买了70万英镑的英格兰银行公债。

到了18世纪中叶，尽管东印度公司在印度经营了100多年，但英国却未从印度榨取到太多的好处，英国经济发展仍然十分缓慢。直到1757年，英国东印度公司发动的普拉西战役之后，情况才发生巨大的转变。这一年的1月，英国人大败印度与法国的联军，孟加拉国库被抢，英军抢走了总值达4800万英镑的金银珠宝，史称"普拉西之役"。此役，不但终结了法国人在印度的殖民，更标志着英国对印度全面统治的开始。随后，东印度公司占领了马德拉斯、加尔各答和孟买，直到1849年，英国完全占领了印度，印度全国沦为英国的殖民地。

在1760年工业革命开始之前，英国人的纺织机械和印度人的一样简陋。印度棉织品物美价廉，远优于英国本土产品。

【走近英国】

　　英国海运一直很发达，海运历史悠久。历史上，英国曾是最强大的海运国家，并拥有世界上最强大的商船队。虽然第二次世界大战后其海运地位下降，但目前仍是世界重要的海运国之一。

英国人却建立起高关税壁垒来阻止印度货销往英国，关税从20％到耸人听闻的100％。同时，东印度公司对印度棉纺织业横征暴敛，有意使其崩溃破产。结果，通过不平等贸易，英国人获得印度廉价而优质的棉花并加工成廉价纺织品再向印度倾销，而印度经济赖以生存的手工纺织业却被彻底冲垮。印度从未在原料出口中积累起足够的资本来发展工业，结果千百万的手工业者失去了生活来源，大批人因饥饿而死亡，织布工人的尸骨把印度的平原都漂白了。现在的孟加拉首都达卡曾经是印度最为繁华的手工业中心之一，但其人口却从18世纪中期的15万下降到1840年的三四万人。

　　1767年，英国议会通过了《东印度公司管理法》，各省总督均由英王直接任命，其任务是代表英国政府全权管理英国占领下印度的全部领土。至此，英国政府开始通过东印度公司直接统治印度，东印度公司最终变成了统治印度的殖民主义政府。东印度公

司既是印度统治者，又是商人。以商人身份出现时，他们就垄断贸易；以统治者身份出现时，他们就攫取赋税。东印度公司以购买印度货物的方式将赋税流回英国。

中国第一任驻英大使薛福成在1893年说："英国人借助东印度公司之力蚕食了印度。未几而沃壤万里，尽为所并。此殆宇宙之奇变，古今之创局也。"英国人发达了，印度人却落入了苦难的深渊。

英国持续不断、毫无止境地抽取印度的鲜血。英国人用印度人自己的钱来征服并统治印度人。英国对缅甸、阿富汗的殖民战争，让中国刻骨铭心的鸦片战争，几千万英镑的军费均来自印度税收，英国人没有出一分钱。

东印度公司作为印度的统治者和土地所有者，对印度人民的土地收入进行了敲骨吸髓式的榨取和掠夺。1793年—1822年，英国在孟加拉的田赋是地租的90%，北印度地区也高达80%，其残酷性和破坏性甚至超过了莫卧儿王朝这样的封建统治者。东印度公司用田赋的收入购买印度货物，销往欧洲和中国，赚取的利润则流回英国，永远无法帮助印度的建设。1793年—1811年，英国殖民者总共用2517万英镑的田赋来做这种无本买卖。1770年，孟加拉发生大饥荒，英国人囤积全部大米，不出天价购买就拒不出售，结果饿死1000多万人，占孟加拉人口的1/3。但在饿殍遍野的情况下，东印度公司仍然大赚其利。就在这一年孟加拉变成不毛之地时，东印度公司仍然投资了120万英镑购买印度和中国的货物销往欧洲。

当东印度公司财政收入无法支持对外战争、对内兼并及镇压叛乱时，就会向印度人发行国债。换而言

【走近英国】

2005年，英国共有500吨以上商船557艘，总吨位为1750.2万吨。英国进出口货物的95%是通过海运完成的。英国海岸线曲折，沿岸有300多个港口，伦敦、利物浦是两个重要港口。近年来，集装箱运输发展迅速，费利克斯托是英国最大的集装箱港口。泰晤士河是最繁忙的内陆水运河道，内河航运长3200公里。

之，就是向印度人借钱来统治印度，扩张领土，镇压印度人的起义。而国债本金与利息则由印度纳税人偿还。国债总额从1792年的700万英镑，上涨到1836年的2700万英镑，到了1860年，更是高达1亿英镑。

最为可笑的是，贫穷落后的印度与英国之间的进出口贸易竟然是年年顺差，出口额竟然是进口额的10倍以上。1766年—1855年，顺差平均达到500万英镑以上。东印度公司仅从1792年到1837年的46年中，就有净利3200万英镑，可它既不是留在印度作为财政备用金，也不是用来增加印度人民的福利，而是全部汇往英国支付东印度公司股东们的股息。由于印度本土工业的衰败，印度财富主要是以通过小麦、大米等粮食出口的形式外流。巨额财富的外流，把印度变成饥荒之地，这种饥荒比印度历史上的饥荒，甚至世界历史上的饥荒，更加频繁，更加普遍，更加严重。

在东印度公司的残酷压榨下，印度被掠走了巨额财富。英国的工业与财富由此积累了原始资本，进入钱生钱的良性循环，从而为工业革命奠定了坚实的基础。英国国力也得以迅速提高。

1760年—1860年，英国工业生产的份额从全球的1.9％上升到19.9％。在1860年,英国生产了全球53％的铁、50％的煤,拥有全球工业生产能力的40％~60％。同年,英国对煤、石油等现代能源的消费,是美国、普鲁士的5倍,法国的6倍,俄国的155倍。工业品贸易额则占全球的2/5。全球1/3的土地上飘扬着英国米字旗,大不列颠王国变成了有史以来最为强大的"日不落"帝国。

而印度本土工业则被扼杀于摇篮之中,整个国家沦为英国工业原料的供给地和工业产品的销售市场。到了19世纪中后期,由于英国实行自由贸易政策而欧洲其他国家与美国均采用保护主义政策,英国与欧洲大陆、美国之间的贸易一直处于逆差状态。如果不是印度的输血,英国的衰落将会更早发生。

第五节　鸦片贸易与财富积累

除了对印度的压榨外,东印度公司还垄断对中国的鸦片贸易牟取暴利,鸦片收入约占公司总收入的1/7。说到鸦片,就必须要从茶叶讲起。从18世纪开始,中国茶叶在英国已成为普通人的日常生活必需品,而茶在英国的关税高达90%～100%。如果茶叶不能按时按量地保证供应,就可能严重影响英国的社会安定和国家财政收入。

但中国人对英国的产品毫无兴趣,漠然视之。19世纪,一位在广州的英国官员米切尔这样写道:"中国人的习惯是这样节俭,甚至他们穿的衣服都完全是以前他们祖先所穿过的。这就是说,他们除了必不可少的以外,不论卖给他们的东西多么便宜,他们一概不要。一个靠劳动为生的中国人,一件新衣至少要穿上三年,而且在此期间还要能经得住干最粗的粗活时的磨损,不然他们是添置不起的。而像那样的衣服所用的棉花,至少要相当于我们(英国)运到中国去的最重的棉织品所加棉花重量的三倍……他们就用这种家庭自织的料子,一种粗重而结实、经得起两三年粗穿的布料,来缝制自己的衣服,而将余下来的拿到附近城镇去卖,城镇的小店主就收购这种土布来供应城镇居民及河上的船民。这个国家9/10的人都穿这种手织的衣料……生产者所用的成本简直只有原料的价值……我们的制造商只要稍稍思索一下这种做法的令人赞叹的节俭性，以及它与农民其他活路可以说是巧妙的穿插配合，就会一目了然，以粗布而论，他们是没有任何希望与之竞争的……只有节俭的中国人才一干到底。中国人不但梳棉和纺纱，而且还依靠自己的妻女和雇工的帮助，自己织布；他的生产并不以仅仅供给自己家庭的需要为限，而且是以生产一定数量的布匹供应附近城

【走近英国】

英国空运业发达，目前有国际航空线58万公里，与世界90多个国家和地区的220个城市有空运往来。伦敦希思罗机场是世界上国际空运最繁忙的机场之一，也是英国最重要的客运和货运机场。2005年英国机场总客流量2.28亿人次，运送货物236万吨。

镇及河上船民作为他那一季工作的一个主要部分。因此，福建的农民不单单是一个农民，他既是庄稼汉又是工业生产者。"

另一位英国贵族则这样描述当时的中国农民："中国农民一般说来过着丰衣足食和心满意足的生活。我曾竭力从他们那里获取关于他们的土地面积、土地占有性质、他们必须缴纳的税金以及诸如此类的精确资料，虽所得无几，但我已得出这样的结论：他们大都拥有极有限的从皇帝那里得来的完全私有的土地，每年须

伦敦迷雾

缴纳一定的不算过高的税金;这些有利情况,再加上他们特别吃苦耐劳,就能充分满足他们衣食方面的简单需要。"

结果,英国与中国之间的贸易产生了巨大的逆差。1710年—1760年,英中逆差总额高达2600万英镑,相当于1亿4百万两白银,几乎耗尽英国的白银储备。在当时的英国,普通警官每周收入不过1英镑,一个码头工人每小时收入才寥寥6便士(在英格兰银行1971年实行新货币进位制之前,1英镑等于20先令,1先令等于12便士)。

输入中国的白银主要来自于和非洲、美洲的三角贸易。英国人用英国工业品、烈酒等换取非洲黑人,再把黑人卖给美洲奴隶主换取白银以及美洲白糖、棉花、咖啡等土特产。美洲是全球最大的白银产地,其中至少有一半以上都随着中英茶叶贸易流入中国。整个18世纪,白银占英国东印度公司对华输出货值的90%。如果从1000年开始算起,由于中国与外部世界的贸易长期出超,在鸦片大规模输入之前,中国拥有了全球2/3的白银储量。

18世纪70年代之后，美洲许多银矿枯竭，白银产量持续降低，英国人无法用越来越少的白银来维持中国茶叶的进口量。东印度公司与英国政府为了扭转贸易逆差的局面，开始打起鸦片的主意。

从孟加拉运送鸦片到中国的计划最先由东印度公司高级职员华生上校提交给公司的加尔各答董事会，并得到董事会成员惠勒的支持。该计划的初衷原为增加税收以弥补英属印度政府的财政。其具体做法是：东印度公司并不需要明目张胆地参与到罪恶的鸦片交易中，只要作幕后操纵即可。但在私下，东印度公司授予一些自由商人对中国的特许贸易权，将鸦片批发给他们。这些自由商人将鸦片装船经海路运往广州卸货并换成白银，再由中国商人走私上岸。收入进入东印度公司的广州财库，广州财库支付自由商人伦敦汇票，后者可于英国将汇票兑换成现金。自由商人只能输送东印度公司生产的鸦片，否则严惩不贷。

很快，英国政府和东印度公司董事会便接受了这个计划，东印度公司专门成立鸦片事务局，垄断印度鸦片生产和出口，有组织、有计划地向中国输送鸦片。1773年，东印度公司确立鸦片专卖制度，首次从加尔各答向广州输入鸦片，开启了长达140多年的英国向中国贩卖鸦片的罪恶历史。英国鸦片贩子为打开中国市场，对罂粟的麻醉作用加大力度宣传，以致中国人普遍认为鸦片有添福添寿的功效，因此又称福寿膏或长寿膏。

1773年是中英贸易发生逆转的关键。这一年，外国输入中国的鸦片是1000箱。到1790年，已增加到4045箱，其中东印度公司占最高比例。1796年，中国政府宣布禁烟。两年后，考虑到与中国外交方面的因素，东印度公司不再做

【走近英国】

英国是世界重要的对外贸易大国，2009年对外商品贸易总额8340亿美元，其中出口3520亿美元，占世界的2.8%，进口4820亿美元，占世界的3.8%，外贸逆差1300亿美元。

鸦片的直接出口商,而成了鸦片的生产者,鸦片贸易转由其发给特许证的自由商人经营。这些自由商人开始以走私、贿赂等违法手段,继续扩大对中国的鸦片输入。

从1828年起,中国进口的鸦片价值就已经超过了出口的茶叶价值,英国茶叶贸易逆差完全被逆转。白银通过迂回的方式流进东印度公司的腰包。公司将白银运往印度,东印度公司用伦敦开出的银行汇票买回这些白银。因为东印度公司也就是印度政府,所以购买白银的汇票实际上相当于现金。他们把白银运回伦敦,交给东印度公司的代理,由代理携带白银前往广东买茶。与此同时,由鸦片进口引起的中国国际收支赤字,导致了中国的白银储备流出。1790年—1838年,输入中国的鸦片价值2.4亿两白银。1828年—1836年,中国贸易出超达到惊人的3800万美元,大约相当于今天的几千亿美元。

英国工业革命后,印度棉纺织业彻底衰败,大量原本种植棉花的印度人开始疯狂改种罂粟。东印度公司的货船依旧充当着运输工具,他们从英国装上制造品,运到印度卖掉,再装上印度盛产

的鸦片,然后运到广东沿岸,把鸦片在中国卖掉,换成茶叶、丝绸,装上船运回英国。

鸦片贸易使英国主宰世界白银市场,却使中国人陷入悲惨的境地。近代史中的两大罪恶贸易分别是鸦片贸易与奴隶贸易。但与鸦片贸易相比,奴隶贸易实在是太仁慈了。在奴隶贸易中,奴隶本身是需要得到保护的。因此,奴隶的肉体没有被摧残,奴隶的品格与思想没有被败坏。而鸦片却摧残了中国人的身体,腐蚀了中国人的品格,败坏了中国人的思想。

鸦片对中国人的伤害是全面性的。同治年间(1862—1874),中国吸食鸦片人口达4000万人,占总人口的1/10。当时中国人口占世界的25%,而中国消费的鸦片,则占世界鸦片总产量的85%。鸦片对中国人的影响是长期性的。到1932年,中国吸食毒品的人数为8000万,占当时人口的16.89%。即便到了1949年,四川有70%的成年人是鸦片吸食者,云南昆明不到30万人口中鸦片成瘾者有6万多人,今天的云烟大本营云南玉溪吸食鸦片者占当地总人口的30%。

1813年,东印度公司对印度的贸易垄断权被取消。1834年4月22日,东印度公司对华贸易垄断权被英国政府废除。1834年以前,所谓的自由商人所组建的洋行已经掌握了一半以上的中英鸦片贸易。外资洋行大批涌现,其中最大的三家英资怡和洋行和宝顺洋行以及美资旗昌洋行,他们几乎垄断了中国鸦片贸易。

怡和洋行正式名称是渣甸·麦迪逊公司,由苏格兰人威廉·渣甸和詹姆士·麦迪逊创办。渣甸1802年离开英国前往印度,曾受雇于东印度公司。1817年渣

【走近英国】

英国是对外服务贸易大国,在英国外贸出口总额中,商品出口约占60.1%,服务出口约占39.9%;在外贸进口总额中,商品进口约占74.9%,服务约占25.1%。2009年,英服务贸易总额3940亿美元,占世界的6.1%,次于美、德,居世界第三位。

甸脱离东印度公司,加入自由商人行列,开始了鸦片走私的生涯。麦迪逊亦曾在东印度公司任职,1815年,他成为自由商人,1818年前往广州开始从事鸦片走私活动。1832年7月1日,渣甸和麦迪逊在广州合伙创办了怡和洋行。1834年,怡和洋行取代东印度公司,成为英商对中国进行鸦片贸易的主角。就在东印度公司贸易垄断权被废除后的3个月内,怡和洋行运往广州的货物达75船,占当时广州对外贸易总额的1／3。

19世纪40年代初,渣甸当选英国下议院议员,并成了当时英国外交大臣巴麦尊勋爵的心腹。麦迪逊也当选为议员,在下议院一干就是25年。后来,他还当了英格兰银行行长,是英国第二大土地所有者,所有这一切都源自于从鸦片贸易中赚到的钱。

1805年,3只美国船装上鸦片开向广州,从此,美国商人开始了对华鸦片贸易。一开始他们是从土耳其,后来从波斯购买鸦片贩运到中国的。美国对华鸦片贸易仅次于英国,1817年—1818年占各国输华鸦片总数的42%。在广州的美

国洋行除奥利芬一家外,全都参加了鸦片走私活动。从1805年美国开始对华输入鸦片到鸦片战争之前,鸦片贸易中的巨额利润源源不断地流入美国,成为美国资本家手中的财富。1848年去世的19世纪美国首富约翰·雅各布·阿斯特所捞到的第一桶金靠

的就是贩卖鸦片。这些掠夺来的大量财富,在美国迅速转化为工业和财富资本,促进了美国工业和经济的发展。美国历史学家丹涅特就曾说过,"鸦片贸易,就像奴隶和酿酒厂一样,成为许多美国大资产的基础。"

创办于1818年的旗昌洋行则是美国鸦片贸易中的"佼佼者",其前身是美国军官柏坚士1803年在广州创办的柏坚士洋行。柏坚士洋行1818年就武装走私1350箱鸦片到中国,仅次于东印度公司孟买卖出的走私中国鸦片。旗昌洋行的主要股东和经营者分别有:美国历史上那位以新政而闻名的富兰克林·罗斯福总统的外祖父沃伦·德拉诺、创办《福布斯》杂志的福布斯家族,普林斯顿大学主要赞助人约翰·克莱夫·格林、哥伦比亚大学主要赞助人阿比尔·洛、开尔文·柯立芝总统的祖父约翰·柯立芝和创办了臭名昭著的美国联合果品公司的约瑟夫·库里奇。

第六节　应运而生的"汇丰银行"

1838年，众所周知的林则徐禁烟运动开始了。鸦片贸易是英国对印度与远东地区进行殖民统治的基石，让英国人放弃鸦片贸易，无异于是要将英国人撵出亚洲。渣甸是伦敦侵华集团核心中的核心人物，在他的授意下，怡和洋行在伦敦的代理人下议院议员史密斯代表鸦片贩子向巴麦尊沟通、协调以对英国政府施压，他们强调清政府是在压制自由贸易，要求英国政府强迫清政府扩大贸易开放、增加通商口岸，尤其要保护鸦片贸易。

其实早在1835年，麦迪逊就在英国游说对中国发动战争，意在强迫中国实行无限制的鸦片进口和一切商品的自由贸易。欲加之罪，何患无辞。1834年，英国外交大臣巴麦尊勋爵任命律劳卑为英国驻广州的商务总监。在巴麦尊的授意下，律劳卑派英国战舰冲击中国在广州设置的阻止鸦片贸易的临时关卡，以制造战争借口。这时候，巴麦尊在英国下议院发表演说宣称："假如把某一个国家标示为英国永远的盟友或永远的敌人，这个政策一定是眼光短浅的。我们没有永远的盟友，也没有永远的敌人。永恒的只有利益，我们的职责就是追寻利益。"

老奸巨猾的英国政府表面并不公开

【走近英国】

　　英国是西方国家中同中国发展贸易最早的国家。1950年1月，英国率先承认中国，1954年双方建立代办级外交关系，此后双方经贸关系不断发展。

【揭秘英国内幕】

一位英国军官所说:"可怜的中国人要么躺下来吸毒,要么被屠杀,因为支持自己国家的法律而在自己的国土上被成千成百地杀死。经过1840年和1856年的两次鸦片战争后,鸦片终于以'洋药'的名义成为合法的毒害中国人的进口商品。"

支持鸦片贸易,不过他们却偷换概念,强调中国内部禁烟并不等于中国官员有权搜查和销毁属于英商的鸦片。于是,英国以保护自由贸易为借口,发动了历史上的鸦片战争。所谓鸦片战争,就好比现在的哥伦比亚大毒枭以自由贸易的名义派军队进攻美国,强迫美国政府宣布吸毒合法化。

马克思曾这样评价当时的英国政府:"装出一副基督教的伪善面孔、利用文明来投机的英国政府具有一个明显的内部矛盾。作为帝国政府,它假装同鸦片走私贸易毫无关系,甚至还订立禁止这种贸易的条约。可是作为印度政府,它却强迫孟加拉省种植鸦片……它严密地垄断了这种毒品的全部生产,借助大批官方侦探来监视一切……这个政府并不满足于这种实际上的共谋行为,它直到现在还直接跟那些从事于毒害整个帝国的冒险营业的商人和船主合伙,分享利润和分担亏损。"

1844年,怡和洋行迁至香港。1843年,上海开埠。以怡和洋行为首的各国洋行入驻上海。1856年,上海成为外国鸦片输入中国的集散地,也成为怡和洋行的鸦片贸易中心。直到19

世纪的最后10年，上海进出口贸易中的3／4都是鸦片。

1871年，后起之"秀"沙逊洋行控制了在中国销售的鸦片的70％，取代了怡和洋行鸦片贸易的垄断地位。沙逊洋行1832年由犹太人大卫·沙逊创办于印度孟买，上海新沙逊洋行则创设于1877年。没过几年，沙逊家族就获得了罗斯柴尔德家族的青睐，相互之间有过好几门婚事，通过联姻关系建立起利益共同体。

今日上海所谓具有历史价值的古旧西洋建筑无不建立在中国人的累累白骨与恶臭的鸦片之上。1880年以后，通过鸦片贸易赚了1.4亿两白银的沙逊洋行，开始从事上海房地产开发业务，很快就成了上海房地产的领头羊。旧上海28幢10层以上高层建筑中，沙逊洋行就占了6幢。

英国打赢了鸦片战争，而中国则被劫掠一空，西方对华鸦片贸易进入了一个新的快速扩张期。早期大部分鸦片买卖均由欧洲贸易公司或商行代理，并不存在银行之类的专业服务机构。鸦片战争后，商人们所需要的融资金额不断扩大，融资结构也日趋复杂。尤其在作为英国对华鸦片贸易基地的香港，商人们迫切感到需要创办一家在香港注册和管理的银行以应对急剧膨胀的对华贸易。1865年3月3日，汇丰银行应运而生。一个月之后，即1865年4月3日，汇丰银行上海分行也正式开门营业。

除汇丰银行外，外国资本在华又开设了渣打银行、有利银行等多家银行，均设置在香港。起初这些洋行、银行主要是处理鸦片贸易及与其相关的金融业务，后来逐渐控制并操纵

【走近英国】

汇丰银行初期筹集的500万港币资本很快被来自中国香港、上海和加尔各答的鸦片贩子全数认缴。汇丰银行临时筹备委员会包括：英国宝顺洋行；美国琼记洋行；英国大英轮船公司；英国礶洋行；德国德恩利士洋行；德国禅臣洋行；英国太平洋行；英国费礼查洋行；英国沙逊洋行；英国公易洋行；印度广南洋行；英国搬鸟洋行；丹麦毕记洋行；印度顺章洋行。除大英轮船公司外，其他股东与经营者均为鸦片贩子。

中国工业、经济与财富的命脉，在中国近代历史上具有举足轻重的地位。

1949年，各大洋行、银行退出中国内地，龟缩于香港地区，形成了控制香港政治、经济的英资财富财团。1966年，中国内地"文化大革命"爆发，香港受到严重影响。英资财富财团开始放弃在港业务，以李嘉诚、包玉刚为代表的中资财富财团迅速狙击并夺取其资产与业务。以鸦片起家的英资财团这才开始退出东亚的舞台。

第七节　英国"金本位制"的确立

至少从13世纪开始,一直到19世纪初,欧洲采用的都是金银复本位制度,也就是将金银两种贵金属都当成货币。一般日常交易用的是银币,大额的现金支付则用金币。到了18世纪,任何英国或外国公民只要缴纳一定的铸币税,都可以将金银块送到英国铸币厂铸造成可以流通的硬币,这就是所谓的自由铸币。

然而,复本位制在最近的200年中,却逐渐被金本位制和纸币所替代。大部分经济学家都认为,由于"格雷欣法则"的作用,复本位制度非常不稳定。

简单地说,"格雷欣法则"是指:在金银复本位制这样的典型双本位制下,金、银两种货币都是主币,当一个国家同时流通两种实际价值不同而法定比价不变的货币时,实际价值高的货币(亦称良币)必然被人熔化、收藏或输出而退出流通,而实际价值低的货币(亦称劣币)反而充斥市场。

例如,当国家规定1枚金币兑换15枚银币的法定比价,而市场价为1枚金币兑换16枚银币时,人们就会先按市场比价用1枚金币换16枚银币,然后按法定比价用15枚银币换1枚金币,结果就赚取1枚银币的套利利润。当人们用15枚金币按市场比价换取银币,然后再按法定比价换回金币时(不考虑兑换的交易费用),就会多得1枚金币,人们就会将多得的金币收藏,或熔化成金块,或输出国外。如此循环往复,必然使流通中的价值含量相对高的金币越来越少,价值含量相对低的银币则充斥市场。

理论是灰色的,生活之树常青。从历史上看,复本位制度却并非像经济学家所说的那样难以持续。整个欧洲采用复本位制长达700多年。即便是英国,在采用金本位制之前一直都是复本位制。而法国在英国采用金本位制之后,一直保持金银复本位制,并坚持了75年,而英国的金本位制也不过持续了90多年。因此,当一个大国或多个大国都采用复本位制时,"格雷欣法则"并不能起作用。

英国人放弃复本位制,力挺金本位制的原因在于:复本位制难以操纵,英镑无法成为世界货币。到了19世纪,殖民掠夺、奴隶贸易和鸦片贸易让中国上千年储存的白银和美洲生产的白银流

【走近《金本位制度法案》】

1816年，英国通过了《金本位制度法案》，以法律的形式承认了黄金作为货币的本位来发行纸币。1821年，英国正式启用金本位制，英镑成为英国的标准货币单位，每1英镑含7.32238克纯金。此前，英格兰银行开始发行的英镑只是提取黄金或白银的凭据，现在英镑成为真正的法定货币。

向伦敦，还让英国人拥有了巨额黄金。英国人控制了全球黄金和白银市场，确立金本位制的时机已经成熟。

1818年，罗斯柴尔德为普鲁士在伦敦、法兰克福、柏林、汉堡和阿姆斯特丹同时发行的国债，均采用英镑在伦敦支付利息。以后的很多年中，罗斯柴尔德为俄罗斯、奥地利等国发行的国债均采用英镑作为融资货币。这意味着英镑已经拥有了超过其他国家货币的地位，英国人的财富霸权初现峥嵘。

到了1844年，当时的英国首相皮尔向议会提交了改进银行管理的《银行特许状法》，英国议会通过了这部19世纪财富史上最为重要的法案。法案规定，英格兰银行划分为一个发行部和一个银行部。发行部持有价值1400万英镑的担保品，包括政府债券和金

银贵金属。为了防止纸币的过度发行造成经济波动,银行券的发行必须有100%的国债或黄金储备,英镑完全成了黄金的价值符号和代用品。银行部则拥有一切不在公众手中的银行券。这些银行券加上日常使用所必需的少数铸币,形成银行部的准备金。同时,银行部拥有发行英镑的特权,到1928年,英格兰银行的银行部成为英镑发行的垄断机构。发行部以黄金交换公众手里的银行券并以银行券交换公众手里的黄金,同公众的其他交易则由银行部办理。

英格兰银行与18世纪的阿姆斯特丹银行区别极大。后者是纯粹的存款银行,它开出的每一张汇票都是真实汇票。真实汇票是真实发生交易时签发的票据,它是存入银行的金银贵金属的凭据。真实汇票经过背书就可以像货币一样流通。所谓背书,就是指票据的收款人或持有人在转让汇票时,在票据背面签名或书写文句的手续,票据的所有权由背书人转给被背书人。而英国人主要的流通工具并非金银或百分之百的金银凭据,而多是一种空头汇票。人们在一张流通的汇票到期以前又开出另一张代替它的汇票,这就是空头汇票。此时,汇票已无须真的来自实际的交易,更不需要兑换为金属货币。通过这种方法,银行券等信用货币就可以凭空地以汇票为基础而创造出来。

【走近《金本位制度法案》】

英国的金本位制是对黄金的价值钉住,而非数量钉住。它从来不是由黄金数量来决定发行纸币多少的制度。这就好比美联储金库中的黄金,这些黄金只有5%是美国政府的,其余都是其他国家与地区的黄金储备。20世纪大部分时间中,所谓各国政府与机构之间的国际黄金转移无非是美联储金库中的一个房间转移到另外一个房间。发行银行券的银行提供的信用,事实上有国家的信用作为后盾。财富家经营的是信用本身,而银行券不过是流通的信用符号。英格兰银行是用自己的银行券发放它的一切贷款的。即使在最普遍最强烈的不信任时期,银行券的信用仍然没有动摇。这也是完全可以理解的,因为,这种价值符合实际是以全国的信用作为其后盾的。

第八节　英镑霸权时代的确立

金汇兑本位之下，英镑价值十分坚挺，从1816年到第一次世界大战期间，与黄金的兑换率都保持了稳定。主要有两个原因：第一，英格兰银行坚持以汇票原则发行英镑。英格兰银行发行的英镑是通过汇票贴现流入商人手中，当汇票到期时，商人手中的英镑则流回英格兰银行。因此，英镑不会过剩。第二，英格兰银行坚持流通中的英镑可自由兑换原则。在英镑自由兑换的情况下，由于政府借债、空头汇票导致的英镑过剩能兑换成黄金流回英格兰银行。

当时的英国是世界工厂，全球其他国家都大量购买英国工业品，这就需要用英镑购买。信用是英镑全球化的基础，英镑

> **【英镑与黄金】**
>
> 英国以黄金做准备金，发行可自由兑换黄金的英镑。这样，英镑的信用非常好，再结合其便于携带等特点，可以直接等价于黄金。

等同于黄金却又优于黄金,英镑可以生息,而黄金却不可以,拥有英镑好于拥有黄金。19世纪,英国的殖民地已经遍及亚洲、非洲、美洲、大洋洲所有大陆板块,统治着世界上3亿多的人口。当时英国当局虽然没有要求殖民地国家使用英镑,但是通常都要求对方使用100%的英镑准备金,由英国政府对储备支付利息。英镑成了最主要的国际储备货币,40%以上的国际贸易用英镑结算。不仅英国的殖民地,许多其他国家都乐于将英镑作为本国的储备货币,这成就了英镑的世界货币地位。

其实,人们并不在意英镑一定能随时兑换成黄金,而是在意于英镑能否随时买到等值黄金所能购买的商品,因此英国并不需要兑现所有的英镑,而只需要保持一定比例的黄金准备就可以了。这样,英镑成为世界货币。与此相应的,是英国获得巨额的铸币税。

当时的英国是国际资本供给的最主要来源国,直到1914年,它还占全部资本输出的43%的份额。伦敦是最重要的国际财富中心,各国同英国的经济往来以及它们之间的大部分商业关系都需要通过率先实行金本位制的英国筹措资金。

英国的国力早在19世纪末20世纪初就已走向衰落,它在经济、军事方面的实力已落后于美国、德国,甚至法国等西方列强。虽然英国工业实力相对美国、德国而言处于不断下降之中,对外贸易也长期处于逆差地位,但其国际收支却能长期维持顺差的有利局面。

在英镑霸权下,世界各国等级分明,秩序井然。英国位于最中心,它是世界工业与财富资本的提供

【世界性货币】

由于英镑成为了世界货币,英国只要源源不断地印刷钞票来满足世界上其他国家的外汇大量储备和交易需求,就可以为英国换回巨大的实物财富。凭借英镑世界货币的体系,当时的世界经济,取决于英镑的张缩。在黄金供应量不能满足经济发展需要的情况下,英镑作为世界货币满足世界经济发展的需求。

【揭秘英镑】

英国主要是利用英镑的特殊地位,获取了大量的铸币税,"使得英国的黄金储量远远低于其对外国的短期负债",因而英国有能力进行大规模的海外投资和贷款,而巨额利润和利息的回报加上其他海外服务业方面的收入,不仅弥补了对外贸易逆差的差额,还进一步壮大了英国的经济实力,从而延缓了英国霸权的衰落。

者,国际规则的制定者与执行者。欧洲的法国、德国以及荷兰、比利时、卢森堡三个小国紧紧围绕着英国,结成了世界工业、财富和贸易的核心利益集团。而从地中海到亚洲,从拉丁美洲到非洲的专制统治者则充当着核心利益集团的中间代理人的买办角色,当地的人民则成为英镑霸权下的牺牲者。在伦敦泰晤士河北岸著名的圣保罗大教堂东侧,有一块俗称为"一平方英里"(SquareMile)的地方。这块面积区区2.6平方千米的土地便是大名鼎鼎的伦敦金融城。19世纪的伦敦金融城已初具规模:国债市场、票据交易的货币市场、英格兰银行等全国性银行体系。随着英镑的增值,伦敦金融城成为世界财富中心。财富城中那些财富家源源不断地向全世界提供资本,控制并操纵着全球的经济。

以英镑霸权为核心的国际体系,让英国人占尽好处。但是,如果欧洲爆发大规模战争,将会破坏体系的稳定。因此,为了维持这个体系的稳定,英国勉力保持欧洲的和平。长期的和平减少了政府的财政支出,从而降低了国债。结果,从1815年到1899年,政府债券在证券市场中的份额越来越少,尤其是英国政府债券从1853年的70%降到1913年的9%。英镑霸权成为欧洲保持和平的基础。

第九节　袭卷全球的铁路

1830年，全长35英里的英国利物浦—曼彻斯特铁路建成通车。这是第一条全线用蒸汽机车牵引并正式从事客运和货运业务的铁路，人类开始走进铁路时代。

修建铁路需要巨额的资金，普通的投资者或财富家根本无力独自承担。

19世纪40年代以前，铁路证券尚未登上历史舞台之前，欧洲最主要的证券投资是国债。对于像罗斯柴尔德、巴林这样的财富家族来说，一国的政府赤字既不能太高，也不能太少。政府赤字过高，投资就有打水漂的可能；政府赤字太少，则失去了致富的源泉。

对于财富家来说，政府

【银行家的预言】

在法国,路易·菲利普的奥尔良王朝开始后,法兰西银行行长拉菲特说了这样一句话:"从今以后,银行家来要掌握统治权了。"当时的财富大亨及其政府中的合作者可以在议会中任意制定或修改法律,分配从内阁到烟草专卖局的各种政府官职。这群新的财富贵族逐渐取代了旧贵族的统治。

最好年年赤字,保持在濒临破产却未破产的状态。这样,财富家能通过每隔几年就借新债还旧债的方式,用最苛刻的条件来借钱给政府。而每一次新国债的发行都使财富家获得新的掠夺机会。此外,财富家及其在政府中的同谋者有意让国家信用处在不稳定的状态,并利用所掌握的政府机密,制造国债价格的急剧波动,这种波动每次都要使许多小投资者破产,使大投机家难以置信地暴富起来。这些暴富者中的许多人本身就是政府的掌权者。

19世纪,许多欧洲国家便处于这样的状态。

实际上,铁路与先前的国债有本质上的差别。国债无非是入不敷出的政府对外借钱。投资国债就是获得国家税收的收益权,换而言之,就是盘剥普通平民的血汗钱。而修筑铁路于国于民都

是一桩好事。但当时的欧洲财富贵族却将铁路当成发财致富的投机对象，兴起了19世纪最大规模的一次铁路投机热潮。

19世纪30年代以来，英国榨取了来自印度、中国等地的廉价原材料与粮食，同时科技进步使工业生产成本大为降低。铁路建设和运营成本也随之降低，投资利润大幅提高。1844年，英国国债的年利息率仅3.5%，而投资铁路的资本回报率则为8%—9%。大规模铁路投资与建设的时机已到。1825年—1840年，英国建成的铁路不到1300千米，但在1841年—1848年，英国铁路网竟然迅猛扩张到6900千米。铁路投机热潮还引发了冶金业、机器制造业的巨大需求。1847年—1848年，修筑铁路的工人达到20多万名，几乎是英国最重要的产业——棉纺织业工人的2/3。仅这些修路工人的日常生活需求所花的费用就超过了1亿英镑。

如果能够根据实际情况进行科学的铁路规划和合理的融资，并不会发生投机泡沫。但大量的铁路规划方案却是空头方案。这些规划纯属有名无实，规划发起人无非是想打着建筑铁路的幌子，创办上市的空头股份公司，然后通过种种宣传炒作的手段抬高空头股票的价格，诱骗大众购买来达到圈钱的目的。

当时欧洲的铁路修筑及其股票发行必须经过国会的批准。如果政府愿意遏制铁路投机的话，那是完全可以做到的。但是，政府官员中的很多人本身就是财富贵族的一分子，他们不仅没有起到良好的引导作用，反而推波助澜，利用他们所支配的权力机关，并借助于各种媒体来操纵舆论，让那些空头方案得到通过，让那些贪图不靠生产而靠巧骗他人财富致富的骗子获得股票发行权。其实这些高官显贵本来就知道那些方案不过是为

【揭秘真相】

投机热潮之前的1836年，全英国的铁路总长才不过700多千米。到了1845年，仅这一年向英国国会提交的铁路修建方案就超过1200份，总线路长达3.3万千米，至少需要投资11.26亿英镑。这其中绝大部分都是妄图空手套白狼的空头方案。

【揭秘真相】

　　铁路热潮影响到冶金业、煤炭业和机器制造业等众多行业。有趣的是，印刷行业也跟着火热起来。当时需要设计和印刷的铁路股票与债券数量过于庞大，英国印刷工人非常紧缺。英国的一个印刷厂到比利时招募了400名印刷工人。为了满足印刷数量的需要，这些工人要一天连续工作十几小时，其他的时间只能在工作岗位上打打盹。

了圈钱而已，但他们可以低价甚至无偿获得大量空头股票，只要将这些股票在市场上卖出，就可以大发其财。

　　当时，英国下议院中1／4的议员都参与到铁路投机中来了，这还不包括用假名字注册的小心翼翼地掩饰自己参与投机的议员。其中最引人注目的是一个叫乔治·赫德逊的议员，他认购了多达81.8万英镑的空头股票，成为议员中的第一大投机家。除了议员之外，给君主做智囊的英王幕僚枢密顾问官、伯爵、男爵、军队将军、地方官员和知名律师等各种有权有势的人也参与到投机之中来了。结果，在1845年—1847年，总共有600份铁路修建方案得到批准，总线路长达1.4万千米，比前20年建成的铁路要多两倍。其中不仅包括大量的空头方案，还包括一些虽不是空头，却既不是国家经济发展所需要的也不是国家经济力量可以支撑的方案。

　　铁路热潮还具有国际性的影响。当时的英国资本四处游荡，寻找盈利机会。英国冶金业增产产品中的一半被国外市场所吸收。英国贷款给美、德等国，使它们有能力购买英国的铁轨、机车。同一时期，世界铁路网从8600千米扩大到38000千米。1839年—1847年，德国生铁净进口量增加了8倍，

达114 000吨,相当于国内产量的42%。1841年—1845年,美国每年进口10万吨以上的生铁、钢和铁轨。进口绝大部分来自英国。法国冶金工业得到高关税保护,没有受到英国钢铁制品的冲击。但是,截至1847年,法国铁路投资中有一半来自英国,3/4的火车头是英国制造的。

1842年,法国《铁路法》在财富贵族的主导下顺利通过。法案规定,铁路由国家规划,私人投资,国家给予补贴并保证每年有固定的收益,但铁路由私人经营99年后收归国有。像国债一样,法国财富贵族在铁路建筑方面进行了掠夺性的投机。法国议会把主要开支转嫁于国家而保证投机的财富贵族无风险地获得利润。而众议院中多数的议员,包括一部分内阁大臣在内,都曾以股东身份参与他们后来以立法者身份迫令国家出资兴办的那些铁路建筑工程。

1846年,法国准许承修的铁路为5000千米,但实际修成通车的仅有1628千米。不少股份公司的创办和线路修建方案只是为了进行证券投机和领取国家补贴来发财致富。到1847年年底,铁路股票发行总额高达25亿法郎,但实际用来修铁路的投资却不到一半。与此同时,1844年—1847年,法兰西银行贷款总额从7.5亿法郎增加到13.4亿法郎,短短4年时间,竟然增加了80%,主要都是用于修建铁路和相关的其他产业建设。

【揭秘真相】

1828—1848年,法国修建了2000千米的铁路,大约500家股份公司拥有价值5.2亿法郎的铁路资产。罗氏家族不甘人后地再次闪亮登场。在1836—1846年间法国各大银行组织的2.25亿法郎的铁路投资中,罗氏家族投入了4860万法郎,占总额的21.6%。此外,罗氏家族投资并控制了奥地利哈布斯堡家族统治区域内的铁路线,还控制了德国南部的主要铁路线。

第十节　铁路与财富

泡沫再美，终会破灭。1845年10月，铁路股价大跌30%~40%。这是因为铁路收入的增加比通车线路长度的增长要慢得多，因此，过多的铁路要争夺过少的货物使得铁路投资根本无法得到预期的回报。尽管建成的铁路明显缺乏相应的运输量，但大家都还在做发财梦，铁路建设有增无减。结果，过多的铁路争夺过少的原材料，建设与经营铁路的各项费用迅速膨胀。在英国利物浦，一吨铁的价格从1845年的4.8英镑上涨到1847年的10英镑左右。1847年，法国铁路建设费用比1845年至少增加了1 / 3。

雪上加霜的是，1845年—1847年，爱尔兰、英格兰以及中欧、南欧大部分地区连续几年农业歉收。其中爱尔兰饥荒发生得最早也最为严重，800万人口的爱尔兰有100多万人被活活饿死，另有180多万人逃难到北美，成为今天北美爱尔兰裔的祖先。爱尔兰人的悲剧与英国人脱不了干系。

17世纪—19世纪，爱尔兰土地几乎完全为英国人所霸占，爱尔兰农民大多数成了英国土地贵族的佃农。佃农拥有的土地面积非常小，只有靠种植土豆来维持生存。1845年开始，爱尔兰土豆不幸感染上枯叶病。从此爱尔兰连年歉收，发生了史上罕见的大饥荒。1845年，英国正全力筹办第一届世界博览会，而对爱尔兰大饥荒却无动于衷，任由灾情蔓延。更荒唐的是，在大饥荒期间，爱尔兰仍向英国本土出口粮食，居然成为粮食净出口地区。

当爱尔兰人横尸遍野，死伤惨重时，英国人连做做表面功夫的兴趣都没有。英国运送到爱尔兰的救灾玉米根本无法食用。更令人感到无语的是英国维多利亚女王。奥斯曼帝国君主宣布将捐赠1万英镑给爱尔兰受灾农民，但维多利亚女王要求他只能捐1000英镑，理由是她本人才捐了2000英镑。于是苏丹只捐了1000英镑，同时秘密地派了3艘装满食品的轮船前往爱尔兰。英国舰队发神经似的试图拦截，幸未成功。

大规模的农业歉收导致粮食价格猛涨。1845年—1847年，小麦价格在1847年1月是1845年的127%，到了5月竟然上涨到200%以上。1847年，英国为进口食品耗费了3000万英镑，使得大量黄金流到国外。1846年9月，英格兰银行的黄金储备为

【揭秘真相】

为了防止黄金外流，英格兰银行几次提高贴现率，同时大大削减贷款规模，结果导致严重的信用紧缩。尽管黄金储备开始增加，却有大量投机性企业破产倒闭，贷款给这些企业的银行也岌岌可危。人们开始拥入银行，夜以继日地到银行兑换黄金。不到几天的工夫，英国就有20多家银行倒闭，国家信用和私人信用被严重动摇。财富危机终于爆发了。

世界行
CAI FU SHI JIE XING

4630万英镑,到了1847年4月,下降到920万英镑。英格兰银行用来平衡国际收支的储备则下降到310万英镑。

随着危机的蔓延,铁路自然首当其冲。

到了1847年秋,英国许多铁路线建设已经停工,大批工人被解雇。紧接着就是冶金工业、机器制造业的萧条,最后蔓延到各行各业,形成全面性的经济危机。铁路投机的基础就是信用。在伦敦交易所,铁路股票价格大幅下跌。铁路工程量连续5年下降,到1852年,从事铁路建设的工人数目比1847年少了4/5以上。相应的,铁价下跌一半,冶金和煤炭工业遭到沉重打击。仅斯塔福德郡137座炼铁炉中就有58座停产。生铁产量在一个月到一个半月内减少了1/3。棉纺织业本来已经在衰退之中,随着铁路投机的破灭和粮价飞涨,更是跌入低谷。1947年11月,在纺织工业中心兰开夏地区,920家棉纺织工厂中,有200家完全停业,其余的多半一周开工2天~4天。70%以上的工人遭受失业或半失业的打击。

【揭秘真相】

英国的危机很快传递到其他国家。1848年,位于法兰克福的德国南部最重要的工业银行——哈贝尔父子银行被迫停业。而法国最大的股份银行——拉斐特创办的法国工商银行则破产倒闭。1848年,法国工业生产总共下降了50%。德国工业由于保护较弱,受英国危机的影响更大。光是德国汉堡就因为英国的影响有128家铁路公司因投机活动的崩溃而先后宣告破产。1847年冬,克莱费尔德8000台织机中有3000台停工,1848年上半年科隆14家工厂中只有3家开工,埃尔富特的工业几乎完全停顿。由于德国本来就靠更残酷的剥削抵抗着英国货的倾销,危机到来后,工人的处境更加恶劣。

当时的工人既没有退休金,也没有福利保障,失业即意味着饿死。1848年,革命浪潮再次席卷欧洲大陆,波及的国家几乎涵盖全欧洲,仅俄国、西班牙及北欧少数国家未受影响。1848年1月,首先在意大利西西里岛爆发革命的火花,紧接着整个欧洲大陆的革命像燎原之火一样熊熊燃烧。2月,巴黎工人、学生和市民起义,推翻了七月王朝,但成果被资产阶级窃取。在工人的压力下,资产阶级临时政府被迫宣布法国为共和国。奥地利首都维也纳和普鲁士首都柏林在1848年3月爆发了革命。为了反对奥地利的统治，匈牙利和捷克也于3月爆发了起义。同月，罗马尼亚为反对俄国、奥斯曼帝国、奥地利的统治爆发了起义。在上述的革命斗争中，工人、学生和市民成为革命的主要参加者。到1849年，欧洲各国的革命基本上都被以沙皇俄国为代表的欧洲各国君主镇压了。

1848年，法国人民大声疾呼："打倒大盗！打倒杀人凶手！"人民的想象力被激发起来了。诸如《罗斯柴尔德王朝》、《犹太人是现代的国王》等讽刺作品充斥巴黎全城，这些作品都或多或少巧妙地揭露和诅咒了财富贵族的统治。神圣同盟主导的欧洲政治与经济格局在经济收缩的巨大压力之下已经出现裂缝。尽管像罗斯柴尔德家族这样的财富统治贵族在1848年欧洲革命中有所损伤，但并未伤筋动骨，其地位仍然牢不可破，而神圣同盟的反动体系在这次危机中被摧毁了。

第十节　是巴黎拯救了伦敦吗

　　普法战争之前的法国,是仅次于英国的第二大国。当时英法之间的关系有点像冷战时期的美国和苏联。尽管英国无论在工业实力上还是在财富势力上都领先一大步,但法国并非一点竞争力都没有。法国人不仅保持着赶超英国的潜力,而且还一直觊觎着英国财富霸主的宝座。有些时候,为了应付财富危机,两国财富家之间也相互救助,如1836年、1839年,法兰西银行对英格兰银行的救援,1847年英格兰银行对法兰西银行的救援。最为典型的例子莫过于1825年财富危机了。

【揭秘真相】

　　在美洲国家独立之前,英国的财富资本便资助了美洲的那些革命家及其所掌握的军队。美洲新兴国家无一例外地都要向英国借款,以争取独立并巩固自己的社会制度。这些国家的军队都要向英国借钱购买武器装备,因此可以说是伦敦金融城战胜了西班牙与葡萄牙。南美所有国家都是伦敦财富家的债务人。不管英国人从南美债券中赚取多少收益,那些借出去的钱大部分都用来购买英国商品,这不仅刺激了英国的工业生产,也使得拉美人依赖于英国的财富家。

　　19世纪以前,拉丁美洲各国是西班牙和葡萄牙的殖民地。19世纪初开始,拉丁美洲独立运动蓬勃发展,西班牙在神圣同盟支持下,妄图恢复在拉美的殖民统治。

　　1823年12月2日,美国总统詹姆士·门罗向国会提交被称为"门罗宣言"的国情咨文,提出"美洲是美洲人的美洲"的口号。他宣称:"同盟各国把它们的政治制度扩张到美洲的任何地方而不危害我们的和平与幸福是不可能的；也没有人会相信我们南方各兄弟国家的人民，如果不加援助，能够建立他们心愿的政治制度，所以让我们坐视欧洲列强对他们进行任何方式的干涉而不加过问，也同样是不可能的。"在美国的干涉下，欧洲对拉美的殖民意图遭到挫败，拉美各国的独立得到巩固。

可以说，没有英国财富家和美国政治家的支持，就没有拉美国家的独立。从表面上看，美国政治家拥有拉美国家的主导权。实际上，门罗宣言给英国财富家对拉美国家的经济渗透打开了大门。

像罗斯柴尔德、巴林这样的财富家，从殖民掠夺与国债投资中赚取了巨额财富。拿破仑战争后，欧洲一直保持和平状态，国债投资的机会越来越少。于是，过多的财富资本都在追逐各种投资对象与投机机会。新诞生的拉美国家为英国财富家提供了良好的投资场

所，英国与拉美各共和国之间也迅速形成了紧密的经济联系。1815年后，英国投资者蜂拥而至，向智利、哥伦比亚、巴西、墨西哥、秘鲁和危地马拉这些拉美新兴国家提供资金，总额高达7600万英镑。仅在1824年—1825年，英国就以5%～6%的利率借给拉美国家3700万英镑，而拉美人却只能获得债券面值70%～85%的资金。

【揭秘真相】

1824—1825年，英国先后成立了48家美洲铁路公司，资本总额高达2200万英镑。截至1825年年底，总共创立了600多家美洲公司，总资本达到3.5亿英镑。实收资本只占资本总额的一小部分，大部分公司的创立不过是为了掠夺大众财富，赚取股票溢价。